QUE SAIS-JE ?

Les 100 mots de la communication

MAURICE LÉVY
Président du Directoire de Publicis Groupe

ISBN 2 13 055023 1

Dépôt légal — 1re édition : 2006, mars

6, avenue Reille, 75014 Paris

PRÉAMBULE

Le mélange des genres. C'est probablement l'une des choses qui provoquent le plus sûrement une montée d'urticaire chez moi. Je déteste cela. Peut-être parce que je suis l'homme d'une seule profession, plus certainement pour des raisons profondes qu'il serait trop long – et ennuyeux – d'expliquer ici.

C'est pourquoi lorsqu'il m'a été proposé de participer à ce projet et d'écrire *Les 100 mots de la communication,* mon premier mouvement a été, naturellement, de refuser. Aussi et tout simplement parce que je n'aime pas l'idée d'écrire, de me servir de ma modeste notoriété pour ennuyer le monde de mes bavardages, de mes expériences, voire de mes idées. Il m'est arrivé (il m'arrivera, hélas, encore) de prendre la plume pour exprimer un coup de gueule, pour m'insurger, me révolter, mais pas pour pérorer.

Mais, m'a-t-on objecté, il ne s'agit de rien de tout cela, juste de quelques mots, de leur sens, à usage des professionnels. Finalement ce n'est quasiment qu'un ouvrage technique sur la communication et Publicis se doit de le faire.

J'aime passionnément mon métier et au moins autant Publicis. À moins que ce soit l'inverse. La communication offre de vastes champs d'expérience, des confrontations quotidiennes d'idées, des réflexions sur la société, son fonctionnement, ses tendances et son avenir. C'est aussi et avant tout un métier profondément humain ; seul l'homme (au sens générique) peut le faire. Pas une machine ne peut se substituer au bouillonnement des idées, à la réflexion, à la pensée et surtout à l'émotion ; mais le but c'est l'Autre : communiquer, dialoguer, échanger, convaincre, séduire, provoquer. Quoi de plus beau ? Et avec toutes les habiletés nécessaires pour faire gagner la marque, le client, faire adhérer la consommatrice (ou le consommateur), user des stratégies de contournement lorsqu'elles s'imposent, ajouter un peu de psychologie à la rationalité du raisonnement. Ce métier occupe l'esprit, engage les nerfs et provoque des émotions fortes.

J'ai pensé que ces messages, ces réflexions, ce modeste savoir devaient être partagés. Transmettre à l'Autre, n'est-ce pas, finalement, encore un devoir ?

Et Publicis se devait de le faire, m'a-t-on répété à l'envi.

Le devoir du leader. La dette. Mais puisqu'il s'agit de Publicis et non pas seulement de ma personne alors je devais faire en sorte que ce soit un ouvrage collectif. Et je tiens à exprimer ici mes très vifs remerciements à Laurence Rey, Pascale Weil, Pascal Beucler et Paul Bernard, qui vient d'expérimenter avec sa contribution à ce livre un bizutage d'un genre nouveau. Ils ont tous été formidables, et ont consacré pas mal d'heures à interroger les mots et à me pousser dans mes retranchements. Je crois que le sens donné aux mots traduit bien une certaine vision de notre métier, celle de Publicis. Je ne sais pas si le lecteur prendra du plaisir à découvrir le sens que nous donnons à des mots, mais j'ai, malgré mon emploi du temps, pris un réel plaisir à l'écrire.

Maurice Lévy,
Président du Directoire
de Publicis Groupe.

LISTE DES 100 MOTS

L'astérisque * placé à la droite d'un mot dans le texte signifie que ce terme fait l'objet d'une entrée propre.

Amour

Défiant les lois de l'alphabet, je veux commencer par ce mot. C'est celui sans lequel les autres perdent non seulement leur valeur mais leur sens. Celui qui fait la force et la douceur. Si la communication était un animal, elle serait un lion ; si elle était un sentiment, elle serait l'amour.

L'amour pour le métier, d'abord (voir *vocation*). On se lance dans la communication par passion*, pour s'y trouver et pour s'y perdre, pour atteindre cette forme très particulière de l'attachement, qui est liberté* et dépendance à la fois. Il est des amours que l'accoutumance atténue, il en est d'autres que l'habitude anéantit. Mais l'amour de notre métier appartient à l'espèce très rare des amours que le temps bâtit au lieu d'effacer.

L'amour pour les clients, ensuite. On ne fait pas de communication, et moins encore de publicité, avec distance, mélancolie ou encore acrimonie. On ne sert pas les clients par la seule conception étroite d'un intérêt, mais parce qu'on les aime, parce qu'on est porté vers eux par un élan naturel, qui les rend à nos yeux à la fois exclusifs et irremplaçables. Le cynisme* est destructeur, il érode la volonté, il corrompt l'énergie, il épuise la vigueur. Seul l'amour permet de croire toujours à ce que l'on fait, et de continuer, en dépit de tout, même quand l'hiver est long et le chemin difficile. Le monde de la communication est dur, et le commerce est une forme de guerre. Mais c'est une guerre d'amour, une de ces guerres où l'on allume de la lumière au lieu de lutter contre les ténèbres.

L'amour des marques*. On peut les aimer spontanément, ou parce qu'on les a créées, ou encore par le lent apprentissage. Mais on ne peut servir une marque sans l'aimer passionnément, pour lui pardonner ses faiblesses, et ne parler, alors, que de ses vertus.

L'amour des consommateurs, bien sûr (voir *rêve*). Tant de vies étroites, mornes, parfois tristes comme la répétition des jours, voient la publicité comme l'éclat d'un autre possible. Nous offrons aux gens de petits rêves et de grands espoirs. Nous leur apportons cette poésie* d'une étrangeté puisée au cœur de leur univers le plus familier, et cette poésie est amour.

Mais aussi l'amour des cyniques qui se sont épuisés à trouver des idées, à battre le concurrent, et dont les yeux, parfois fatigués, pétillent dès que l'idée pointe son nez.

De saint Augustin, cette formule qui pourrait être la devise de la communication : « Aime, et le reste suivra. »

Adhésion

L'argumentation « produit » (voir *marketing*), horizon familier de la réclame*, ne suffit plus.

Tombées dans la publicité dès leur naissance, les générations les plus jeunes en maîtrisent les arcanes, en décodent les signes et les stratégies* marketing* qu'elles sous-tendent. Leur adhésion toujours se mérite, souvent se négocie, parfois s'arrache, et reste indispensable notamment pour les produits et marques* censés représenter les tendances* sociétales. D'autant que la Marque, croyance de substitution d'un monde sans repères, est elle-même fragilisée : économiquement, mais aussi culturellement.

Comment susciter l'adhésion à une idée, une vision, un point de vue ? C'est un défi permanent pour les stratèges, les créatifs et les experts du message, média* ou hors-média. C'est aussi la plus belle récompense qu'un publicitaire puisse rêver : créer les communications, le langage qui par lui-même crée l'adhésion.

Angoisse

Vous rencontrerez peu de publicitaires qui n'ont pas connu l'angoisse : celle de la feuille blanche, du regard des collègues, du jugement des chefs, du client et bien sûr des consommateurs. Quel est celui qui n'a jamais connu ces contractions de l'estomac avant une présentation ? À ces peurs humaines s'ajoute celle de la communication. Car rien de ce qui fait peur n'est étranger à la communication. Communiquer, c'est aller vers l'autre, et c'est prendre, dès lors, un double risque : se découvrir et le découvrir. La communication est l'exercice par excellence de l'angoisse surmontée : peur de passer inaperçu, peur d'être aperçu sur un autre mode, ou d'une autre façon, ou avec une autre apparence, voire avec une autre identité* que celles que l'on aurait aimé afficher. La communication inspire donc avant tout deux formes d'angoisse : ne pas apparaître tel qu'on est, et voir l'autre apparaître comme on ne croyait pas qu'il était. Tous les exercices de la chirurgie esthétique sont partie intégrante de la communication : petite correction, lifting ou rajeunissement, jusqu'au changement profond qui transforme une personnalité.

La communication est un art : celui de présenter une marque*, une entreprise. La première angoisse est donc simple et naturelle : et si ce que l'on présentait était le moins digne d'être mis en avant ? Pire : si ce que l'on mettait en avant était factice, si c'était une fabrication, issue de l'imagination* la moins fidèle, ou pire encore, issue du geste maladroit d'un chirurgien plasticien ? Lorsque l'on passe, pour se montrer aux autres, par le détour nécessairement risqué de la mise en scène et de la fiction, on n'échappe pas, par définition, aux dangers de l'incohérence, de l'inexactitude et de la contradiction. On est contraint de se confronter à ce paradoxe* : on voudrait dessiner les traits d'un visage meilleur que le sien, mais on aimerait éviter de mettre en avant un visage falsifié. C'est cet équilibre périlleux qui contribue à faire de la communication un jeu de l'amour* et du hasard, où l'on exhibe tout en dissimulant, où l'on alterne les masques jusqu'à ce que survienne, par un dévoilement lent, progressif, l'intelligence du regard partagé.

L'autre angoisse est plus immédiatement perceptible : une fois le travail fait, une fois qu'on a exigé de soi-même, par les vertus de la prudence et de l'audace*, tout ce qu'il était possible d'obtenir, il reste la grande inconnue : l'autre, son regard, et son jugement. Communiquer, c'est d'abord un dialogue, c'est toujours, à un moment ou à un autre, se trouver dans la situation de l'acteur qui, au moment de sortir des coulisses, se dit qu'il préférerait être ailleurs.

Le plus curieux, finalement, et le plus angoissant, c'est que le consommateur n'apparaît jamais comme une masse indistincte aux milliers de visages flous, mais au contraire comme un seul être, comme une entité unique dotée d'un caractère et d'une psychologie, comme une personne en somme qui, tapie de l'autre côté du miroir, attend qu'on se montre, pour accorder ou refuser son assentiment. Lorsqu'il est accordé, l'assentiment devient bénédiction : il est en effet, simplement, la justification autant que la récompense du travail accompli. Mais lorsqu'il est refusé, ou lorsqu'il est plus consenti que délivré, alors le public redevient cette existence insaisissable, hostile parce qu'indomptable, imprévisible parce qu'inintelligible.

Communiquer, c'est donc vivre, toujours, avec cette double angoisse : être infidèle à soi-même, et être incompris par les autres. Mais tout ce qui se fait de grand et de durable est issu d'une angoisse assumée.

Antenne

Les chiens dressent l'oreille, les humains leurs antennes... à l'écoute du monde, de ses bruits, de ses images*.

Hier celles de la radio, puis celles de la télévision érigées sur les toits des maisons. Chaque jour, nos yeux et nos oreilles captent ainsi les nouvelles du monde, ses joies et ses pleurs, ses plaisirs* et ses peurs, ses interrogations sans solution...

Le XXe siècle aura accompli la prophétie du sociologue canadien Mac Luhan et donné à chacun, avec les médias*, des antennes, des « prothèses du corps » permettant d'élargir ses horizons. Avoir des antennes, n'est-ce pas avoir l'empathie* et l'intuition de son environnement ?

L'antenne, partie émergente de l'iceberg des médias, est notre baguette magique décuplant notre pouvoir de savoir et de sentir. Enfin, je veux le croire. La réalité est plus complexe. Si l'on est heureux d'être ainsi « branché » sur le monde, parfois on préférerait ne pas avoir, ne pas être connecté. Mais les progrès techniques ne nous laissent pas de répit.

Et si les forêts d'antennes hérissées sur les toits comme autant de doigts tendus vers le ciel se transformaient, avec les antennes paraboliques, en coupelles en creusets, en mains ouvertes, comme rassemblées pour recueillir les offrandes du monde, qu'elles soient généreuses ou amères, bienveillantes et parfois haineuses ?

Si les Martiens débarquaient demain, penseraient-ils que ces coupelles portent nos offrandes aux dieux du cosmos ou tendent la main, en forme de quête ? Je vous laisse imaginer...

Aspiration

Quelque chose d'unique se passe lorsque s'accomplit la coïncidence de deux aspirations, c'est-à-dire la rencontre de deux rêves*, la compatibilité entre deux idéaux, la conciliation de deux exigences.

Dans notre métier, la première aspiration que nous essayons de satisfaire est évidemment celle de nos clients. Nous sommes tendus vers ce but : répondre aux exigences et aux attentes de ceux qui nous font confiance (et nous font vivre). C'est le devoir le plus impérieux et le moins négociable que nous nous imposons à nous-mêmes : comprendre ce que veulent les annonceurs, cerner avec autant d'exactitude et de fidélité que possible l'idée qu'ils se font d'eux-mêmes, pour transformer cette idée en image*, et cette image en référence. Nous avons le sentiment d'avoir rempli une première promesse lorsque, pour nos annonceurs, l'aspiration devient réalisation. Il y a beaucoup de vrai dans ce proverbe devenu un dogme du commerce : « Le client est roi. » Non que nous soyons des sujets : nous sommes des intermédiaires, ou, si l'on veut employer un charmant vocabulaire, des entremetteurs, chargés de faire le lien entre deux aspirations.

Car il est une deuxième aspiration, à laquelle nous avons pour mission de répondre, et c'est celle des consommateurs, qui sont, d'une certaine façon, nos ultimes clients. Et ce sont eux qui nous font obligation de bien servir nos clients en étant plus exigeants qu'eux et en refusant d'être serviles. Ils ne sont pas « partie » à notre contrat, mais ce sont eux qui, toujours, en dernière extrémité, consacrent ou sanctionnent une campagne. Et ce sont donc leurs aspirations auxquelles il faut répondre.

Quelles sont-elles ? On connaît la chanson : « J'aurais voulu être un artiste. » Tout le monde voudrait ce qu'il n'a pas, et c'est cette part de rêve qui maintient debout : elle consiste à exiger l'impossible, à faire accéder à l'inaccessible, à rendre proche ce qui est lointain, sans jamais briser l'illusion, car on sait, au fond de soi, qu'on ne rendra qu'exceptionnellement la réalité conforme au rêve auquel on voudrait la plier.

Le rôle de la communication est de rendre l'aspiration quotidienne, de donner l'accès à la réalisation des rêves, de les renouveler jour après jour. Ce que nous disons est simple : ce produit, cette marque* vous apporte plus que son service. Lorsque déjà vous y pensez vous avez un peu de satisfaction. La communication est investie, en quelque sorte, d'une mission de service public : elle donne de nouveaux objectifs, et l'envie d'y accéder. Les images projetées sont autant de fenêtres qui apportent un peu de soleil et un peu de plaisir*, qui, même s'il n'est que matériel, réjouit l'esprit.

Attention

Attirer l'attention de ceux auxquels on s'adresse ? C'est un exploit quotidien dans l'environnement médiatique encombré que nous connaissons. Les consommateurs sont hypersollicités et leur attention est nécessairement fugace, distraite, superficielle. Capter, retenir l'attention par des stratégies* de plus en plus fines est le rôle premier du publicitaire.

Stratégie de contenu, tout d'abord : pas d'attention sans stimulation de l'intérêt du destinataire par un message de fond consistant et pertinent. Mais aussi une forme, une provocation, une image* qui retienne le regard.

Stratégie de déploiement ensuite : non plus balistique, lourd, massif, mais au contraire très ciblé, fin, surprenant, réellement adapté au destinataire, au moment, au lieu, aux supports d'expression de la marque* (voir *holistique*).

C'est la convergence des deux approches qui permettra au messager de faire son travail : selon la stratégie retenue, de donner l'image du produit, de la marque, qui mettra le consommateur en appétit, en désir d'achat.

Attitude

Mot formidable que celui qui lie le corps à l'esprit.

L'attitude désigne d'abord la manière de tenir son

corps, de là, la manière de se tenir, de se conduire dans la vie et, enfin, l'état d'esprit, c'est-à-dire l'ensemble de jugement qui pousse à un comportement* (définition du *Petit Robert*).

C'est sur cette chaîne logique entre attitude et comportement que porte la communication. En effet, savoir convaincre ou séduire, c'est agir sur les leviers qui vont modifier cette attitude pour espérer des évolutions de comportement.

L'attitude est donc l'état d'esprit préalable avec lequel on aborde une situation. Elle est présente chez le consommateur, mais aussi chez le citoyen*, ou l'électeur. Elle est parfois le fruit des « idées reçues »... Identifier l'état d'esprit qui forme le jugement préalable relève autant des sciences commerciales que des sciences humaines comme la psychosociologie, ou l'anthropologie.

Ce que je trouve captivant dans « l'attitude », c'est qu'elle explique la posture qu'un individu ou qu'un consommateur va, *a priori,* adopter vis-à-vis d'une marque* ou d'un produit en fonction de son expérience* préalable de consommateur, mais aussi de sa culture* nationale, de son milieu...

Ce qui est tout aussi captivant, c'est le fait de pouvoir suivre dans le temps, si la communication a trouvé les bons leviers, pour faire évoluer les attitudes et finalement les comportements.

Mais il n'y a jamais d'automatisme dans nos métiers. Les individus ne sont pas une feuille vierge et n'obéissent pas comme le chien de Pavlov. Leur attitude, préalable à tout message, est précisément ce que la communication doit prendre en considération pour entamer un dialogue avec eux et, peu à peu, comme dans une conversation*. L'attitude, c'est aussi ce que la communication doit transformer.

En psychologie sociale, l'attitude tient selon Roseberg, à trois composantes : cognitive (rapport rationnel avec le sujet), affective (rapport émotionnel) et conative (prédisposition d'esprit). Les campagnes de publicité, les messages joueront de registres appropriés pour modifier l'attitude : la démonstration, le registre émotionnel, affectif, ou bien encore la dimension psychologique.

AUDACE

Voilà un mot indispensable dans la vie, dans le quotidien du métier comme dans les grands moments. À utiliser de façon intelligente, raisonnée, et dans tous les grands actes du métier.

La première des audaces, l'audace stratégique, est celle qui consiste à réinterroger les idées reçues, à voir le monde avec un œil neuf, à sortir des agences et écouter l'opinion* (et pas seulement les rapports des cabinets d'études). Pour comprendre ses attentes, ses résistances, ses perméabilités. Non pour lui obéir d'emblée, mais pour la surprendre et lui apporter des façons neuves de voir les choses, la marque*, le produit, le besoin.

L'audace stratégique vise à casser les stéréotypes qui empêchent de penser pour oser le meilleur. Ainsi, en France, Publicis a lancé Heineken avec des codes opposés à ceux du marché. C'était l'époque où pour parler de bière, on parlait de convivialité entre consommateurs dans une ambiance saturée. Le choix de Publicis a été de montrer un homme, seul, au calme qui, avec la délicatesse du gourmet, regardait lentement la bière pétiller, faisait tourner le verre dans sa main puis l'approchait de ses lèvres. Il savourait une seule petite gorgée et murmurait : « J'aime sa finesse. » Au cinéma, chacun salivait.

L'audace est aussi créative. Ainsi, avons-nous proposé à Pierre Dreyfus, président de Renault, de lancer la Renault 5 avec un dessin animé. Audace d'utiliser un code enfantin pour vanter les mérites d'une voiture. Pour l'achat le plus impliquant qui représentait des mois et des mois de salaire. Cette audace a payé, car ce dessin animé a réussi en quelques semaines à donner à la Renault 5 une personnalité sympathique, familière, souriante et à ériger la Renault 5 en alliée naturelle de chacun. La Renault 5 a tant séduit qu'elle est devenue ce que les sociologues ont appelé la « première voiture d'indistinction sociale », celle du cadre comme de l'étudiant, ou de la mère de famille, la première voiture du jeune, comme la seconde du médecin, etc.

L'audace est avant tout un état d'esprit qui permet par le courage* de dépasser les figures imposées, d'accélérer la performance d'une campagne, d'une stratégie, tout simplement d'une idée*.

BÉNÉFICE

Toute bonne « *copy* stratégie » doit, dit-on, être articulée autour d'un bénéfice clé pour le client. C'est le classique « bénéfice consommateur » formulé à partir d'un avantage produit identifié, qu'il s'agisse d'une innovation* technique, d'une performance particulière, d'un prix attractif ou encore d'une satisfaction psychologique.

Les « preuves » qui sous-tendent le bénéfice sont matérielles, mais peuvent aussi être plus psychologiques, voire émotionnelles. Comme l'observait Jean Baudrillard dans *Le système des objets* (1968), alors que la société dite de consommation émergeait à peine, on achète un objet, mais c'est un *signe** que l'on consomme : signe social, culturel, esthétique*.

Quels sont les bénéfices d'aujourd'hui, quels sont ceux qui, demain, trouveront auprès du public l'écho le plus juste : c'est ce que doit anticiper le marketing* stratégique, de la conception du produit jusqu'à sa mise en sens* par la communication.

Le « bénéfice » peut être matériel, rationnel. Le produit a telle innovation qui donne un bénéfice tangible, mesurable : la consommation d'une voiture, la résistance d'un matériau, la performance d'un produit, sa longévité, etc.

Mais il peut être aussi strictement d'ordre émotionnel, psychologique : la satisfaction que me procure l'acquisition de telle forme de luxe, la sensation d'une tasse de café, la joie de voir bébé au sec, etc.

La grande publicité est celle qui associe l'émotion* à la raison et qui sait éveiller une sensation, une satisfaction psychologique tout en s'appuyant sur les qualités intrinsèques du produit. C'est plus exigeant. C'est plus vrai aussi.

Choc

Il y a un bon sens et un mauvais sens du mot choc.

Choquer peut être bon : il est important de réveiller, de faire réagir, de provoquer parfois quelques électrochocs.

Une phrase choc, une image choc, ce ne sont pas des phrases ou des images* qui heurtent. Ce sont plutôt des chocs d'idées*, des raccourcis.

Ce peut être fécond, créateur, provocateur d'étincelles, de prises de conscience*, de curiosité, de questions. À l'image de la célèbre campagne « Myriam » (« demain j'enlève le bas ») conçue en 1981 par CLM pour promouvoir le média* affichage.

Mais le choc peut aussi s'opposer au respect*. Choquer n'est plus alors communiquer, c'est refuser la communication, la rompre. Il y a des sujets à propos desquels choquer, c'est provoquer inutilement, faire injure aux autres, porter atteinte à des valeurs* profondes. L'annonce de Benetton mettant en scène l'agonie d'un malade du sida appartient à ce registre néfaste.

En communication, choquer, d'accord, mais pas n'importe comment ni sur n'importe quel sujet !

Citoyen

Si l'on fait de la communication un art, et de cet art son métier, c'est que l'on sait, par définition, que l'on n'est pas seul. Le fait de tenir compte des autres est devenu le cœur de son action et le nerf de son activité. Communiquer, c'est s'arroger un pouvoir, et tout pouvoir invite à la responsabilité. La première de ces responsabilités est civique.

Tout homme est aussi, et peut-être d'abord, un citoyen. Certaine déclaration votée en 1789 rappelle opportunément, par le simple énoncé de son titre, que les droits de l'un ne vont pas sans ceux de l'autre, c'est-à-dire que tout droit entraîne des devoirs. La place qui est dans la cité celle de chacun d'entre nous n'est pas un dû, elle est une obligation de dignité, de mesure et de respect*. Être un citoyen, cela signifie simplement que l'on engage, par chacune de ses initiatives et de ses actes publics, infiniment plus que soi-même ; que l'on a, sur l'équilibre et l'harmonie de toute une société, une influence* dont il faut savoir user avec élégance*, simplicité, attention et précaution.

Notre histoire est celle d'une gratitude. Nous savons ce que nous devons à la République française, à ses principes de liberté*, d'égalité et de fraternité, à son art de vivre ensemble qui se nomme la laïcité. L'une de nos plus hautes ambitions est de rendre à la France un peu de ce qu'elle nous a donné. Ce qui ne doit pas nous empêcher de dire haut et fort ce qui ne va pas, quand elle a tort ou quand elle se fourvoie dans des voies erronées sur un plan social, sociétal ou économique. En fait c'est cette gratitude sereine, ce devoir assumé qui donne ce droit à la critique.

Être un citoyen c'est aussi ne pas limiter son action à un champ exclusivement commercial, et savoir prendre toute sa part au combat collectif pour le prestige et pour l'honneur de son pays. C'est pouvoir servir et vouloir se dévouer. C'est avoir constamment la conscience* très nette que rien ne se fait tout seul, que l'individu ne donne un sens* à son action et un lendemain à ses projets que s'il appartient à une nation. Nous sommes enracinés dans la culture* française au point de n'en pas supporter l'érosion, nous aimons la langue française au point de la tenir pour notre patrie, nous savons, pour l'éprouver, que l'évocation régulière de la ville de Paris est une respiration nécessaire à l'homme libre. Et cette gratitude nous permet de parler un langage civique, qui soit de nature à donner à chacun la mesure de ses responsabilités, et à faire des consommateurs*, des citoyens.

Dans l'exercice du métier de publicitaire, être citoyen c'est refuser des annonces ou des propositions commerciales qui peuvent être des injures, c'est refuser des langages de provocation qui peuvent heurter des sensibilités, c'est prendre en compte la diversité sociale dans toutes ses dimensions et la respecter sincèrement.

Comportement

Le comportement est l'ensemble des « réactions objectivement observables » auquel une attitude* a donné naissance. Sur lui porte l'objectif de la communication qui doit faire évoluer un comportement d'achat (faire préférer une marque* à une autre, renforcer une fidélité vacillante à une marque, faire goûter un nouveau produit), ou un comportement civique (limiter sa consommation d'alcool, attacher ses ceintures, utiliser le préservatif...).

Aussi les évolutions de comportement sont-elles l'objectif final de la communication.

Mais n'étudier que les comportements est insuffisant. Car ils racontent comment l'on se « comporte », mais ne disent pas « pourquoi », un « pourquoi » qui se niche dans l'attitude.

Attitudes et comportements sont liés comme la cause et l'effet.

Et chaque culture* en valorise l'un plutôt que l'autre.

Les Anglo-Saxons, de culture béhavioriste et quantitative, sont davantage attachés aux comportements qu'ils peuvent mesurer. Les Latins, eux, sont plus attentifs aux attitudes qu'ils tentent de sonder.

Concurrence

La concurrence est nécessaire, indispensable à tout marché. Sans elle, sans la stimulation qu'elle inspire, la tension qu'elle suscite, la fièvre de réussir et la rage de vaincre à laquelle elle conduit, on n'arrive à rien. La concurrence est indispensable. Elle est une condition nécessaire et insuffisante à l'exercice d'une communication digne de ce nom.

La concurrence, ce n'est rien de moins que la nette conscience* que les autres existent. Qu'ils existent autant que nous, avec leurs armes, leur ambition, leur volonté de puissance. Cette conscience fait trop souvent défaut. Nous ne sommes pas seuls au monde : la vie économique, comme la vie tout court, est une compétition.

De cette compétition, on n'a une chance de sortir gagnant que si l'on accepte d'affronter la sèche dureté de deux hypothèses : d'abord, on ne dépasse les autres qu'après avoir mesuré leurs forces, ce qui suppose de les respecter, de ne pas les sous-estimer ; ensuite on ne s'accomplit soi-même que si l'on connaît ses faiblesses. En somme, il est aussi néfaste de se sous-estimer que de se surestimer ou de mépriser ses concurrents.

La concurrence est un aiguillon. Elle donne l'énergie de se battre, de donner le meilleur de soi-même, d'explorer, avec le scrupule de la conscience, mais sans les complexes de l'indolence, tout le champ des possibles, au-delà des premières limites, nécessairement restreintes, au-delà des frontières initiales, sans autre borne que celle de sa propre volonté.

La concurrence est exaltante. Elle donne la force de persévérer. Elle est dure, certes. Certaines vertus lui sont étrangères, au premier rang desquelles se trouvent la pitié et la patience. Il faut donc la réguler. Mais surtout pas la brider, car sans la soif de gagner il n'est pas de réussite* qui tienne. Réguler sans brider, légiférer sans contraindre. C'est toute la subtilité d'un exercice qui est seul capable de donner à la concurrence toute sa dimension stimulante sans en faire le lieu d'expression du cynisme*, afin qu'elle soit, non pas la loi du plus fort, mais celle du plus travailleur, du plus audacieux, du plus créatif et, parfois, du plus malin.

Connivence

Connivere, en bas latin, c'est cligner des yeux pour faire comprendre à l'autre qu'on l'a compris, qu'on s'est compris.

Cette connivence, au sens d'une complicité librement consentie, d'une bonne intelligence, d'une vraie entente, c'est l'idéal que la communication contemporaine doit s'efforcer d'atteindre. Non seulement pour être efficace, mais tout simplement pour être acceptable, et donc demeurer audible.

Le temps de la réclame* est loin derrière nous ! Asséner, imposer, répéter à l'envi des messages pavloviens, cela ne fonctionne plus. L'incroyable, l'exceptionnel, le spectaculaire sont aussi passés de mode. Plutôt que de catapulter une voiture depuis un porte-avions (signe* fort, sens* faible), on cherchera à signifier subtilement le lien intime* qui l'unit à ses occupants, séduits par leur nouveau chez eux au point de ne plus vouloir habiter ailleurs (signe faible, sens fort). On est toujours dans la rhétorique bien sûr, donc dans une forme d'exagération, mais on a rangé l'artillerie lourde au profit d'armes de conviction* plus légères, mais visant plus juste.

D'une certaine manière, la (bonne) publicité d'aujourd'hui est plus intelligente en ce sens, justement, qu'elle fait jouer le ressort de la connivence. Or la connivence suppose le talent d'écriture au sens large, l'inventivité créative, le flair, mais aussi le respect*, la considération portée à l'autre, la parité dans la relation*. Je ne cherche pas à te dominer, ni à t'assommer, je te propose un contrat : je te parle, tu acceptes de m'écouter, en contrepartie tu auras ce que Roland Barthes nommait *le plaisir du texte.* S'il est vrai que le *dire* compte autant que le *dit,* l'art de la connivence a de beaux jours devant lui, et c'est tant mieux.

Conscience

Communication sans conscience n'est que ruine de l'âme. La communication n'est un jeu que si l'on en accepte les règles. Communiquer, c'est s'accorder un pouvoir, ou à tout le moins une influence*, sur l'esprit des autres. Cette influence ne peut s'exercer qu'avec quelque chose en plus, qui à chaque acte confère un sens, à chaque initiative une valeur, et à chaque campagne une rigueur*. Ce quelque chose s'appelle « conscience ».

Il est des sujets qu'on ne peut pas aborder, et des images qu'on ne peut pas présenter, si l'on n'a pas pris la mesure des sensibilités que l'on blesse, des mémoires* que l'on offense et des cultures* que l'on choque. La conscience, dans la communication, revient à considérer autrui, non pas comme un moyen, mais comme une fin.

La conscience, c'est la rigueur que l'on s'impose, la frontière que l'on se trace, l'innocence que l'on s'invente. C'est la bonne distance retrouvée avec les êtres et les choses. La conscience, c'est la limite.

Il faut l'avoir collectivement au niveau d'une agence et il faut respecter celle de l'individu qui ne veut pas, ne peut pas travailler pour telle enseigne, telle marque* ou telle catégorie de produits.

La conscience, c'est aussi être tout simplement conscient que l'on fait une création* en conscience et que cela impose des devoirs forts à l'endroit du client qui veut un résultat, mais aussi à l'endroit des consommateurs* dont on se doit de respecter les idées, les fragilités.

En fait pour bien faire ce métier il n'y a pas lieu d'avoir une clause de conscience, mais bien un devoir de conscience. Ce pouvoir des marques*, celui de la communication imposent une morale qui dépasse celle de l'économie.

Consommateur (ou client ?)

Le consommateur est le héros de l'histoire.

De l'histoire de la société dite de consommation. C'est d'ailleurs là, le plus significatif : que notre société se qualifie par sa consommation et marque ainsi sa différence* avec les siècles précédents.

Mais le consommateur n'est pas toujours le destinataire de la communication.

Consommateur, usager, individu, client, destinataires, cibles... tous ces mots ne sont pas exactement équivalents.

Le consommateur est la « partie de l'individu » qui consomme le produit, le porte, vit avec ou utilise le service.

Mais le client n'est pas toujours le consommateur ? Ainsi la mère de famille qui achète des petits pots pour bébés, ainsi le médecin client d'un laboratoire sans être l'usager. Le « consommateur » se distingue à la fois du « client » qui achète en magasin, du « destinataire » du message (qui n'est pas encore client), ou du client potentiel qui n'a pas encore essayé. Pour rendre le jeu encore plus compliqué, le destinataire du message peut être le client (les mamans par exemple) et pas du tout les consommateurs.

Et si toute entreprise, institution ou marque* place désormais le client au centre de sa stratégie*, la communication opère des *distinguo* et des choix stratégiques entre le consommateur final et le destinataire choisi pour la communication selon le levier qu'elle va actionner.

Il arrive que la publicité ne montre pas toujours le consommateur mais joue sur une licence : quand elle montre un homme en train de repasser, cela ne signifie pas que la majorité des hommes se sont mis à repasser en France – certaines pourront le regretter –, mais que le produit de la marque X est si performant que « même » les hommes s'en servent. Ainsi c'est le non-consommateur qui est ici de manière allusive exposé dans la publicité.

En quelques années, le consommateur a pris le pouvoir.

Hier il était en « bout de chaîne », le destinataire de la production, distribution. Aujourd'hui il est tête de pont : il choisit ses « fournisseurs », il slalome dans l'hyperchoix. C'est lui qui a la main et que courtisent les marques.

C'est lui qui défend son premier droit, son pouvoir d'achat, mais aussi son pouvoir d'influence* et son pouvoir de nuisance.

Il fait plus de bruit ce nouveau « consommateur » ! Il s'exprime sur le Net, donne son avis, et joue son rôle de prescripteur. Hier, dans l'enceinte de son petit monde, aujourd'hui, en élargissant sa sphère d'influence et en professionnalisant sa démarche... surtout quand il est insatisfait : il appelle les services « consommateurs », il râle, il critique, il réclame.

On lui a dit qu'il était un « client-roi ». Il l'a pris au pied de la lettre et entend que ses « sujets » – les marques et produits – le considèrent comme tel.

C'est ainsi que le consumérisme peut être considéré comme la forme militante de la consommation. Si le consommateur a le pouvoir de voter tous les jours, il a appris à se grouper et se défendre, en atteignant un niveau de parole* apte à être entendu des annonceurs. Internet lui a donné de nouveaux outils. Il interpelle les mouvements de consommateurs, les associations, voire intente des procès, fait appel aux médias*, aux médiateurs. Au risque parfois de ruiner la réputation d'une marque ou d'une entreprise...

No logo est ainsi apparu comme une icône du consumérisme et du mouvement anti-marques. L'auteur, Naomi Klein, en est même devenu une marque elle-même !

Au fait, le consommateur est dans plus de 80 % des cas... une consommatrice, car c'est elle qui décide ou influence fortement le choix.

Conversation

La conversation est sans doute l'expression privilégiée de la communication.

D'abord parce qu'elle est un échange, une communication à double sens, réciproque. Le dialogue est un chemin où l'on avance ensemble.

Ensuite parce qu'elle est intimité, face-à-face des visages. Moment d'une expression totale donc puisqu'y est dit plus que ce qui est dit : au-delà des mots, il y a la voix, il y a tout ce que dit un visage (ses mimiques, ses expressions, ses couleurs), il y a les gestes aussi, l'espace entre ceux qui conversent... Il y a d'ailleurs une importance du lieu, du cadre, de l'heure dans la conversation. On ne converse pas de la même façon ni de la même chose dans un salon, dans un restaurant, dans un bureau, dans une réunion, au déjeuner ou au milieu de la nuit... On devrait parler DES conversations plus que de LA conversation.

Enfin, parce qu'elle est un moyen vital pour construire et convaincre : on converse d'un côté avec ceux qui fabriquent un produit, ceux qui le distribuent, ceux qui le consomment, ceux qui gèrent une marque*, et d'un autre côté avec ceux qui élaborent la stratégie* et ceux qui la mettent en musique. Ce sont toutes ces conversations qui permettent à une campagne de voir le jour et, si possible, d'étonner et de séduire.

La conversation, le dialogue restent les formes suprêmes de communication. La quête permanente de marques et de liens publicitaires. Ai-je été compris ? Comment le client, le consommateur*, réagit-il ? Ai-je une seconde chance ? Seul l'échange permet cela. C'est sans doute la raison pour laquelle tant d'espoir est mis dans les moyens « interactifs » comme Internet et dans les téléphones mobiles.

Conviction

La vie serait bien triste si on n'était habité de convictions fortes : politiques, morales. Cela est encore plus vrai dans la communication commerciale qui reste un terrain de conquête de parts de marché. On croit à une marque*, à un produit, à l'entreprise et on défendra avec toute la force ou la subtilité nécessaire la cause de la marque. Les convictions sont autant de repères, de points fixes, de lignes dont la fermeté claire donne à chaque action son sens* et son horizon. On mène à bien un projet avec un oui, un non, une ligne droite, un but.

Une conviction est d'abord une capacité d'assentiment, une volonté d'adhésion*, c'est en quelque sorte la faculté de tenir un sentiment pour une opinion*.

Une conviction est moins un pari qu'un choix : choix de ses priorités, de ses préférences*, de ses fidélités spirituelles et de ses ascendances intellectuelles. Les convictions guident. Elles évitent parfois de sombrer.

Que ce soit pour choisir un axe stratégique ou pour promouvoir l'idée du produit, du service ou de la marque, il faut être convaincu des vertus, de la supériorité de l'offre alternative ou encore de l'apport au consommateur*.

Dans le processus même du travail, il faut être guidé par un raisonnement, certes, mais aussi par des convictions fortes. Les grandes campagnes ne naissent jamais de consensus mous, mais de convictions fortes.

Mais attention : il faut savoir douter. Une conviction est utile tant qu'elle ne se mue pas en certitude.

On peut se tromper, et il convient, toujours, d'en tenir compte. Jamais on ne peut écarter cette hypothèse, et c'est pourquoi, sur le mot conviction, il faut ajouter, un *post-scriptum* : voir *doute*. Plus la conviction est forte, plus le doute* doit être présent.

Dès lors, la communication sert, lorsqu'elle est subtile, lorsqu'elle substitue l'élégance* à l'arrogance, non pas à asséner des messages, mais à insinuer un peu de doute au cœur des certitudes.

Courage

« Cette vertu de sous-lieutenant » : ainsi Schopenhauer traitait-il le courage. Il y a du vrai dans cette insulte : le courage pour le courage, comme toutes les vertus qui ne sont mises qu'à leur propre service, ne se situe pas toujours en deçà de la fameuse frontière qui sépare le sublime du ridicule. Le courage prend son sens* et acquiert sa valeur dans trois circonstances :

Le courage peut s'empreindre de résignation : on endure, on supporte, mais on sait qu'on n'a pas le choix. C'est l'une des règles de notre activité, soumise à toutes les malveillances, les embûches et les dérives d'une concurrence* qui n'est pas toujours loyale. Mais aussi à toutes les difficultés d'un produit en mal de positionnement, d'un client hésitant ou d'une entreprise mal en point. Il en faut du courage pour continuer, recommencer, abandonner de belles et bonnes idées, et repartir encore et encore. Et avec le sourire.

Le courage peut se composer d'insouciance. On peut ignorer les obstacles, simplement parce qu'on ne les sent plus. Ce n'est pas la preuve que le cuir se soit durci par l'habitude. C'est un état d'esprit, qui permet de planer avec grâce au-dessus des attaques, et de contourner les embûches en ne se plaçant tout simplement pas au même niveau qu'elles. La communication suppose beaucoup de rigueur* en même temps que de légèreté. À cette légèreté, à cette insensibilité aux blessures, on peut parfois donner le nom de courage.

Mais le courage ne sert pas seulement à affronter les maux nécessaires. Le vrai courage, c'est de savoir se créer des défis, d'aller au-devant des batailles, de se jeter à leur rencontre, avec ce mot fameux à la bouche : « Enfin, les difficultés commencent ! » La communication est un esprit de conquête. Il est des moments où l'on part à l'assaut, avec cette raisonnable ivresse que confère la coïncidence de l'expérience* et de l'inconnu. Et le courage transforme la peur de l'imprévu en goût de l'aventure.

Et il y a ce courage qui consiste à venir avec des convictions* contraires à celles du client et bravement lui proposer des solutions dont il ne veut pas mais que l'on sait (ou croit savoir ?) justes et performantes. Enfin, il faut savoir rejeter le faux courage tout comme la fausse audace*, qui consiste à proposer des solutions aberrantes tout simplement parce qu'elles sont neuves ou provocatrices.

Création

C'est la magie de notre métier : ajouter au réel, inventer, imaginer, faire surgir, en plus de ce qui existe déjà, un produit du talent des hommes. Il n'y aurait pas de création si l'on pouvait se satisfaire du monde tel qu'il est. Mais il n'y en aurait pas non plus s'il ne s'agissait pas de renvoyer à l'univers connu, avec ses références qui ne sont jamais aussi sûres que lorsqu'elles ont été transgressées, sublimées, rendues moins immuables en même temps que plus discernables.

Créer est l'activité absolue. Celle, au sens étymologique, du poète, et celle de l'artiste. Celle de l'esthète et celle de l'artisan. Et celle du publicitaire.

Par définition, ce qu'on crée n'existait pas avant de naître de notre effort et de notre volonté. Là réside le paradoxe* : le jamais vu ne doit pas donner le sentiment de l'inconnu, de l'étrange. Il faut concilier l'habitude et la surprise. L'un des enjeux majeurs de la communication, l'une des règles fondamentales de l'activité est de surprendre et en même temps de permettre au consommateur* de reconnaître des éléments qui lui soient familiers. Il faut surprendre sans dérouter, et prendre garde à ne pas abolir les systèmes coutumiers de références. Le défi à relever consiste à créer du nouveau qui ne soit pas au fond de l'inconnu. Le rêve*, comme le cauchemar, vient moins de l'inconnu que de la disproportion des choses connues. C'est l'absolument familier qui est déroutant. C'est lui seul qui est surprenant. Et la surprise, en communication, vient d'abord de ce dérèglement de l'habitude, quand elle cesse soudain d'être une norme.

Mais créer n'est pas seulement surprendre : « La surprise, disait Paul Valéry, est chose finie » et il y a une vie après la surprise. Dès lors que, d'une part, on ne crée que de l'inconnu, et que, d'autre part, il n'est pas de communication sans reconnaissance par le consommateur de l'objet qui lui est soumis, le but est de faire en sorte que l'inconnu soit reconnu. Le consommateur n'a jamais vu tel objet, jamais entendu telle musique, jamais vécu tel instant. Et pourtant il les reconnaît. C'est le petit miracle de la communication.

Mais il est loisible au créateur publicitaire de tricher, de mélanger les images*, d'emprunter (au prix fort) telle musique familière qui sera associée à des images inattendues (ou l'inverse). La création restera magie, et son processus toujours mystérieux. Lorsque les ficelles se voient, c'est comme pour les marionnettes. Le public ne répond plus.

On ne peut parler de création sans évoquer les créateurs, les créatifs. Je les aime. J'aime leur talent, leur regard sur la société, leurs angoisses et leurs fragilités. Ils ont des antennes* qui leur permettent de capter la société, de comprendre les consciences* collectives, de faire le saut qui favorise la compréhension. Ils sont forts, passionnés, exigeants et souvent fragiles, inquiets, angoissés. Ils et elles font de ce métier un lieu d'échange humain, inventif et magique.

CULTURE

Non pas « ce qui reste quand on a tout oublié » (voir *impact*), mais ce qui ne s'oubliera jamais, ce qui ne peut pas s'effacer sauf ce qu'on prenne le risque qu'une certaine idée de la civilisation n'en soit la victime. La culture est notre mémoire* à tous, elle est à la fois le témoignage et le résultat du travail des siècles. Dans la communication, la culture, c'est du temps qui devient espace. C'est le passé qui affleure, qui refait surface, qui s'adapte aux lieux, aux modes, qui se coule dans les dimensions nouvelles qui lui sont assignées.

La communication est une œuvre culturelle, d'abord parce que, par nécessité, elle tient compte de la culture de ceux à qui elle s'adresse. Communiquer n'est pas une action aux formes immuables ni une entreprise aux aspects interchangeables. Il faut, toujours, comprendre l'histoire, l'âme et les traditions de chacun. Une campagne pour Nestlé, telle qu'elle est présentée en Europe, serait inintelligible en Chine. Chacun a sa culture, et la publicité s'y adapte. Il est bien peu d'activités dont l'exercice suppose une telle part de psychologie : créer l'adhésion*, être en résonance avec le consommateur*, puiser dans son environnement culturel pour susciter un cillement des yeux.

Mais il y a plus : la publicité ne se borne pas à écouter et à respecter les cultures. Elle est culture. La culture est un paysage, et la publicité fait partie du paysage : elle est donc partie intégrante de la culture d'un pays. Il serait arbitraire, inefficace, incohérent, et de surcroît un peu snob, d'établir une hiérarchie entre les différents modes d'expression de la culture d'un peuple. La culture française au XXe siècle, ce sont évidemment Mauriac et Bernanos, Beckett et Ionesco, Soulages et Picasso, Messiaen et Boulez, mais c'est aussi Johnny Hallyday, et aussi la musique Dim, le slogan « Du pain, du vin, du Boursin », c'est tout cet ensemble d'idées, de souvenirs, de musiques, de couleurs, qui font qu'un peuple est un peuple et qu'un pays est un pays.

Et puis la publicité, parce qu'elle s'inscrit au cœur de la vie de l'Occident, est l'une des meilleures illustrations de sa culture, c'est-à-dire l'une des plus conformes à ses aspirations* et à sa réalité. Elle est donc la plus capable de mener les combats pour la défense et l'illustration de ses valeurs* : après tout, les images* de la publicité ont joué, dans la chute du mur de Berlin, un rôle presque aussi important que les idées de la démocratie.

Cynisme

À éviter. Ni pertinent, ni éthique*.

Design

Du dessein au dessin, de la réflexion sur le fond à la recherche* de la bonne forme, du sens* au signe* : la vraie vocation* du design est de rendre visibles les stratégies* d'entreprise et de marque*. Cette vocation, évidente dans les pays anglo-saxons, n'est pas toujours connue ni reconnue en France où le design tend à être perçu comme une discipline « décorative ».

Pourtant, une identité visuelle (voir *logo*), un packaging (volume et graphisme), un point de vente (concept et signalétique), un site web sont autant de supports d'image* mais aussi de relation* et d'action, supports essentiels à l'heure du marketing* expérientiel. Grâce au design, l'expérience* de marque passe par la stimulation des cinq sens, se renouvelant et s'enrichissant d'autant : formes, couleurs, textures, fragrances, sons, saveurs se répondent et tissent avec les consommateurs* des liens de marque plus denses.

DÉSIR

C'est une aspiration* première et essentielle de chacun d'entre nous que de tendre vers le désir de quelqu'un ou de quelque chose. On se rappelle la *Stratégie du désir* d'Ernest Dichter, qui fut une des œuvres de référence des publicitaires dans les années 1960. Les années 1990 avaient décrété son épuisement, la société de l'hypermodernité hédoniste dans laquelle nous sommes entrés le réhabilite. Plus le monde doute, plus vives sont les craintes qui le traversent, plus grandit l'envie d'avoir à nouveau envie. Comment ne pas s'en réjouir ? Un monde sans désir, dépourvu d'appétit, ne connaissant plus la soif de vouloir, serait un monde sans passion*, et finalement sans vie.

De ce point de vue, parce que l'économie est avant tout faite de psychologie, la communication joue un rôle clé : il n'y a pas d'économie de marché sans consommation, pas de consommation sans désir de consommer, pas de désir sans envie, donc sans publicité.

Le désir ne se décrète pas, il vient de lui-même dès lors que sont réunies les conditions de son épanouissement. C'est sans doute ainsi qu'on ré-éveillera l'ancien monde, le Vieux Continent, à une nouvelle ère de prospérité économique. Recréer les conditions du désir, de l'enthousiasme, de l'aspiration, c'est bien la responsabilité collective des entreprises et des publicitaires.

DETTE

L'industrie de la communication est-elle en dette vis-à-vis de la société ? Elle n'échappe pas, en tout cas, au débat public parfois virulent sur le « système », les entreprises, la globalisation, le profit ou encore le pouvoir des Marques*.

Si la communication est en dette, c'est d'abord parce qu'elle est *langage,* et par là « lieu » de pouvoir et enjeu symbolique. On sait le pouvoir des signes* dans le champ social, comme on sait le pouvoir réfléchissant de l'image*, qu'il s'agisse de celle d'un homme politique, d'une institution, d'une entreprise ou d'une marque.

Si la communication est en dette, c'est aussi parce qu'elle représente la partie émergée d'un iceberg politique, économique et social perçu comme menaçant.

Mais n'est-ce pas là que l'on tend parfois à confondre signe et symptôme, fièvre et thermomètre, rage virtuelle et réelle envie de se débarrasser de son chien ?

Que le procès soit injuste ou pas, les faits sont là : la communication n'a pas très bonne presse et se trouve en dette. À elle de s'en acquitter au fond et dans la forme.

S'en acquitter au fond, c'est d'abord se prendre en charge, en tant qu'industrie responsable, en rappelant continûment sa vocation* et son apport au service de l'ensemble des autres industries de produits et de services. Et, plus largement, c'est valoriser, au sein d'une société, le goût d'entreprendre, la liberté* d'oser, de proposer, et donc la nécessité de faire connaître, comprendre et aimer ce que l'on produit, ce que l'on offre au consommateur*.

S'en acquitter dans la forme, c'est avant tout s'autoréguler pour prévenir certaines dérives de discours et de comportement* qui, pour la satisfaction de quelques *ego* surdimensionnés, nuisent à la crédibilité de toute une industrie. C'est aussi, parce qu'il n'y a pas de dette sans don, aller au-delà de son mandat et s'efforcer de *dire* toujours mieux. Faire confiance à l'intelligence du public, du consommateur, chercher l'empathie* sans céder à la tentation de la démagogie, respecter les valeurs* citoyennes, susciter le désir* et, si possible, *donner* du plaisir*.

Différence

Elle est la quête de tous les annonceurs. Notre Groupe en a fait le cœur de sa position : « Viva la Difference ».

Différence mais pas n'importe laquelle. Il existe en effet des différences qui sombrent dans la marginalisation et ce ne sont pas celles que nous recherchons.

La véritable différence est celle qui devient référence et suscite la préférence*.

Celle d'une distinction, d'une valeur ajoutée, d'une singularité, d'une surprise qui marque les esprits, démarque l'entreprise et la fasse remarquer. C'est la différence dans la perception d'un produit qui créera le choix du consommateur*, sa fidélité, et pardonnera les erreurs.

Cette différence, nous devons l'apporter, d'abord et avant tout dans la réflexion stratégique, dans le regard porté sur la marque, dans l'approche justement différente du métier, pour aboutir à des matières qui dominent la concurrence* dans l'esprit du consommateur. Cette différence, nous devons la cultiver dans nos méthodes de travail, nos relations* internes, notre vision du métier et notre capacité à tout chambouler pour réinventer, recréer. Ce n'est pas une méthode, ni une origine, ni un *process,* c'est un état d'esprit, une curiosité, un regard différent, une empathie* avec les consommateurs.

Mais elle appelle une différence réciproque chez les annonceurs : celle qui réside dans le produit, dans le service rendu, dans le goût, dans l'innovation* technologique. Car la différence que ressentira le client sera, certes, celle dont la communication lui aura donné l'appétit, mais celle du plaisir* de l'expérience* auquel est subordonné le renouvellement de l'achat.

Discrétion

La publicité est, comme son nom l'indique, publique. Mais elle est aussi, paradoxalement, discrète. Et j'aime ce paradoxe*.

Car si chacun connaît le nom des grandes marques*, qui, dans l'opinion*, connaît le nom des agences et groupes de communication ? Pour moi, les entraîneurs, les imprésarios, les coachs, les conseillers, les hommes et femmes de communication doivent œuvrer dans l'ombre, avec discrétion. En tout cas, c'est ma conviction*. C'est ce qui m'avait amené à dire que Publicis avait « la morale de l'effacement ». S'effacer pour laisser toute la lumière à la marque, au client.

Car pour nous, le héros de l'histoire, c'est le client : le dirigeant, l'entreprise, ses marques, ses produits, ses collaborateurs.

Un des inconvénients de cette morale est que nos métiers sont mal connus... Et auraient peut-être besoin de communication pour désamorcer les clichés, lever les tabous*, et mieux expliciter notre propre raison d'être. Sinon, cette discrétion pourrait conduire les cordonniers à être encore plus mal chaussés.

Doute

Avec Amour*, c'est sans doute (c'est bien le cas de le dire !) mon mot préféré. J'aime le doute, peut-être parce qu'il est le commencement de la sagesse. Il faut se méfier de ceux qui prétendent ne jamais douter, ce sont de dangereux matamores. Douter, dans nos métiers, c'est d'abord refuser de se satisfaire des toutes premières évidences, ou de céder à la facilité du premier jet : ce qui suffit ne suffit pas. Douter, c'est aussi s'interroger en permanence sur notre degré de connaissance et de compréhension des consommateurs*, sur la pertinence* de nos idées, de nos créations*, de nos choix stratégiques et tactiques.

En ce sens, le doute est une école d'exigence, et la condition *sine qua non* de l'excellence.

Mais le doute est bon aussi, au plan interne : il permet l'éclosion des jeunes talents*, les stimulations, et évite l'arrogance des idées prêtes à porter.

Et enfin, quel déclic lorsqu'on a surmonté le doute ! On peut, avec passion* et conviction*, défendre l'idée qui est passée par la torture de tous les tests de validation et qui finit par vous habiter avant de s'imposer à tous. Oui, le doute est bon. C'est, à mes yeux, une grande qualité humaine et professionnelle. À la condition de ne pas s'y complaire.

Efficacité

Ce qui compte, c'est le résultat même s'il ne s'agit pas d'y arriver à tout prix. Quand on communique, on veut convaincre ou séduire. Si on échoue c'est qu'on s'est trompé. Si le regard que l'on vous porte n'est pas influencé par votre communication, ou s'il est influencé dans un autre sens* que celui que vous auriez espéré, vous avez eu tort. Point final. Et ne dîtes pas que les apparences vous ont trahi. Tout est apparence et la communication sert justement à sauver les apparences.

Élégance

Les notions d'harmonie, de grâce, de finesse, de légèreté, ont-elles leur place dans l'univers de la communication ? Oui, si l'on considère que notre métier, parce qu'il touche au langage, est d'abord une *écriture*. À l'image d'une personne, une entreprise, une marque*, se caractérise par un style communicationnel. Au-delà des effets de mode, ce style dessine une empreinte, laisse une trace durable. L'histoire de la rhétorique témoigne de ce que la *manière* de dire influence* considérablement la réceptivité du destinataire (voir *relation*). Évidemment, on ne demandera pas à une annonce qui casse les prix d'être subtile ou de fonctionner au deuxième degré. Mais rien ne la condamne à être vulgaire.

Émotion

Comprendre n'est pas tout, ressentir est essentiel. Créer ou recréer des connexions émotionnelles entre les marques* et les consommateurs* est une des priorités d'aujourd'hui dans un contexte de saturation médiatique, de standardisation des offres, d'hyperchoix, de linéaires à la fois encombrés et désincarnés. Les grandes marques* sont celles qui savent entrer en résonance avec la sensibilité du public. Enthousiasme, exaltation, tendresse, humour*... la gamme des émotions est large et il n'existe pas de recette immuable.

En outre, l'émotion ne se limite pas à une image* ni à un son : il est bien d'autres leviers de nature émotionnelle et sensorielle, souvent sous-estimés. Ainsi en va-t-il de la dimension tactile de la marque : du fait du nombre considérable de connexions qui s'établissent entre nos doigts, nos mains et notre cortex, le sens* tactile est un remarquable levier émotionnel. Renault l'a très bien compris et accorde un soin particulier à la perception tactile de ses nouveaux modèles, pour le plus grand bonheur de ses clients.

J'ai envie, pour illustrer ce mot, de vous renvoyer à votre vie quotidienne : combien de fois avez-vous agi sur une compréhension intellectuelle et combien de fois sur une impulsion, une émotion, une force de l'intérieur ? Notre rôle est de faire en sorte que la marque soit partie de la vie quotidienne et que s'installe un lien affectif. Lorsque nous avons réussi, ce lien crée une fidélité à la marque qui doit aussi conduire celle-ci à remplir des devoirs à l'égard des consommateurs*, garantie, qualité, innovation*, prix, etc.

Empathie

« Connaître » le consommateur*, ses attentes, ses émotions*, ses sentiments, son monde subjectif, si intimement que l'on peut le toucher au plus profond de lui-même en lui parlant comme si on était lui : un rêve* que beaucoup de marques* caressent, le plus souvent en vain. D'abord parce qu'il est de plus en plus difficile d'entrer en empathie avec de plus en plus de gens qui ont de moins en moins de choses en commun (hyperfragmentation). Ensuite parce que le discours de communication, comme la plupart des autres grands discours sociétaux (le politique, le moral, le religieux, le pédagogique...), se heurte à une indifférence croissante, quand ce n'est à beaucoup de méfiance et, de plus en plus, à de l'hostilité. Les temps « simples » où les marques nourrissaient de grands récits heureux sont désormais révolus. Nos clients en prennent conscience*, douloureusement. Et ils attendent de nous que nous les aidions à inventer les nouveaux modes communicationnels et relationnels qui leur permettront de garder le contact avec le consommateur.

ESTHÉTIQUE

Voir *éthique.*

La communication part du principe que rien n'est superficiel, et que c'est à la surface que se jouent les enjeux principaux : l'idée* que les autres se font de vous dépend moins de ce que vous êtes que de ce que vous en laissez paraître, et l'une des missions de la communication est de faire en sorte que l'apparence soit autant que possible proche de l'essence, et l'esthétique conforme à l'éthique*.

Une esthétique éthique : comment relever ce défi ? D'abord, en ayant bien à l'esprit que rien de ce que l'on voit ni de ce que l'on entend, aucun des signes* qui émergent et qui font que l'on paraît d'une certaine façon, n'est hasard. Rien n'est coïncidence, tout est signal, et la forme n'est, pour citer Victor Hugo, que « le fond qui affleure ».

Nous avons tous un problème de communication, qui n'est le plus souvent qu'un problème d'apparence.

Veillons donc sur les formes, et le fond suivra. Soyons des maîtres de l'esthétique. C'est la condition, non seulement d'une impression qui laisse aux autres le sentiment d'un bon augure, mais d'un regard plus juste porté sur les êtres et les choses. On dit en anglais : « The better you look, the more you see. » Ce jeu de mots, intraduisible comme tous les jeux de mots, exprime la nécessité de bien paraître pour bien comprendre. Tout commence par l'esthétique.

L'esthétique est d'abord équilibre : harmonie respectée des formes et des forces, justes proportions des lignes, rigueur* des sons et des plans.

L'esthétique est grâce : discrétion*, évocation qui suggère plus qu'elle n'impose, légèreté du mouvement, esprit qui sort de la matière comme le son du violon ou la sérénité du sommeil.

L'esthétique est rigueur* : tout est travail, effort, tout est vigueur de la volonté et durée de l'exigence. Il n'est pas de beauté négligée.

Enfin, c'est tout bête, mais reconnaissons qu'un monde beau est plus agréable à vivre. Il en va de même d'un produit, d'une annonce. Rien ne nous condamne au laid.

L'esthétique, dans la publicité, est une qualité française. La publicité française fait une place importante à la beauté, au « joli », à l'esthétique. Sans doute pour se faire pardonner, certainement parce que le beau rend mieux que le laid.

Éthique

Voir *esthétique*.

Toutes les entreprises ont à respecter une première éthique, celle du respect* de leurs clients, de leurs actionnaires, de leurs collaborateurs, de leurs fournisseurs. Cela consiste à faire son métier au nom de certaines valeurs*.

Mais un groupe de communication a aussi une responsabilité particulière, celle de respecter une éthique dans les messages et images*, dans les textes et opérations promotionnelles, dans les événements et brochures qu'elle propose à ses clients. Être crédible, être pertinent, mais aussi veiller aux destinataires de ses messages.

> Veiller bien sûr à ne pas inciter à la violence*.
> Veiller à la diversité, à sa représentation « juste », avec respect* et sans désobligeance.

Il faut en contrepartie toujours accorder à la publicité qui est largement encadrée la licence de parole*, l'humour*, et le décalage de ton qui est le cœur de son métier. Parfois, il existe quelques risques de débordement. C'est pourquoi existe le BVP (Bureau de vérification de la publicité). Cette déontologie professionnelle ne peut être du seul ordre de la loi, et doit prendre en compte les finesses culturelles qui évoluent sans cesse.

ETHNIQUE

Le marketing* ethnique pose plusieurs questions. En France surtout. Même s'il est plus répandu dans le contexte communautariste américain.

Nous sommes en effet un pays d'essence républicaine et assimilationniste et nous éprouvons une certaine résistance culturelle à identifier un individu par son ethnie. « Sa race » disait-on avant. Tout comme je refuse que l'on me définisse seulement par ma religion, je refuse – parce que je trouve réducteur et moralement inacceptable – de définir une personne par le hasard de sa naissance, plutôt que sur ce qu'elle fait, ou ce qu'elle est devenue de par sa volonté. En fait, par ce qu'elle « est » réellement.

Le marketing ethnique pose question. Et je donnerai ici seulement trois éléments :

- Autant il me semble naturel pour certains produits destinés à des populations spécifiques – je pense en particulier aux marques* de l'Oréal qui développent des produits pour les cheveux des « Blacks », des « Asiatiques » qui présentent des différences physiologiques avec les « Caucasiens », ou à des produits alimentaires qui obéissent à des interdits religieux – autant il ne me paraît pas pertinent de mettre en exergue des différences ethniques qui ne soient pas soutenues par des différences de consommation.
- Faut-il des campagnes black-blanc-beur qui déclinent dans le *politically correct* les différents visages

de la France multiculturelle ? C'est le cas dans les pays anglo-saxons où les annonces de recrutement montrent systématiquement des profils de Blacks, d'Asiatiques, de Caucasiens. Aujourd'hui, je trouve naturelle dans une France plus multiculturelle de voir cette diversité reflétée dans les publicités. Mais qui dit diversité, ne dit pas ghettoïsation, ni revendication identitaire. Et encore moins alibi. Rien ne serait plus détestable, à mes yeux, que d'utiliser des « origines » pour s'en servir comme d'un alibi au profit des entreprises.

- Enfin, on a vu surgir des marques comme « Muslim Cola » ou « Mecca Cola ». Il ne s'agit plus ici de développer des messages commerciaux mais idéologiques. Libre à ceux qui mènent ce combat d'utiliser cette forme commerciale (somme toute pacifique), mais je ne puis, bien sûr, m'y associer.

Le marketing ethnique tel qu'il est répandu aux États-Unis ou dans d'autres pays correspond en fait à une société communautariste où les peuples vivent côte à côte. Cette approche dans ce cas spécifique est tout à fait validée par les populations.

Une fois de plus on constate que la communication impose une réflexion plus poussée que la seule résolution d'un problème commercial donné. Derrière toute cible se cache la société. Et on ne peut l'ignorer.

Étonnement

L'étonnement est plus que la surprise, c'est aussi un émerveillement.

Étonner, ce n'est pas choquer. Le choc* est une violence*, l'étonnement est un appel. Un appel à ouvrir les yeux, à voir ce qu'on ne voit pas ou plus par habitude ou par désintérêt, par méconnaissance aussi.

Étonner, c'est le premier pas de la communication. C'est provoquer l'attention* du lecteur, de l'auditeur ou du téléspectateur, éveiller sa curiosité, l'ouvrir au message que l'on veut transmettre, l'inviter à revoir le monde.

Étonner est un acte profondément créatif. Plus on a d'imagination*, plus on étonne. Ce n'est pas toujours chose aisée : savoir mettre en scène la nouveauté – d'un produit, d'une marque*, d'une entreprise, d'un service, etc. – ou montrer quelque chose sous un nouvel angle.

L'étonnement est un commencement, il fait naître le désir* de savoir, de connaître, d'aller voir... : en somme point de communication sans capacité d'étonner !

EUPHÉMISATION

La publicité fonctionne comme une euphémisation.

Elle est le reflet optimiste, tonique, souriant de la consommation. Et pour cette raison, on la soupçonne d'embellir, voire de travestir la vérité.

En fait, elle présente, comme un photographe, la marque* ou le produit sous son meilleur profil, sous l'angle qui met le mieux en évidence ses qualités et son attractivité.

Par l'imaginaire*, par le recours aux représentations mentales existantes, la publicité déclenche une cascade d'associations d'idées* qu'elle connecte à la marque. Elle peut utiliser plusieurs procédés rhétoriques comme la métaphore ou la métonymie, l'oxymore... et passer par la symbolisation.

Et si elle donne parfois l'apparence de jouer avec un humour* noir, grinçant ou ironique, c'est en définitive pour mettre les rieurs de son côté et créer une connivence*, une complicité avec son destinataire.

Ainsi, a-t-elle toujours une dimension bienveillante pour la marque.

EXPÉRIENCE

L'expérience ne remplacera jamais le talent, mais elle sera toujours préférable à l'ingénuité. La candeur est le plus souvent fausse, l'expérience est indiscutable comme un fait. Ce que le temps a vérifié est consacré, consolidé, comme ces métaux que les ans ont patinés, et qui en sont devenus inoxydables. L'expérience est l'une de ces rares vertus que le temps donne, alors qu'il est tant de vertus que le temps emporte. Elle est l'expression de la solidité, le socle de la force, le pilier qui soutient et qui garantit la plus précieuse des références : la durée. Elle est aussi le nom que l'on donne à ses erreurs. Et il est connu que l'on n'apprend bien que de ses échecs.

L'expérience a ceci d'unique qu'elle vient en venant. Elle est cette puissance qui se bâtit seule, par elle-même, sur la succession des ans, et s'il fallait la définir d'un mot, on pourrait dire qu'elle permet d'atteindre le but de la vie : trouver la bonne distance.

L'expérience, en effet, c'est avant tout la faculté de distinguer ce qui est important de ce qui ne l'est pas. C'est la juste place accordée à chaque chose dans ce nuancier qu'est le monde compliqué. Quand on n'a plus le nez sur le tableau, quand on ne l'a pas non plus trop loin des détails et des subtilités, c'est peut-être le signe* que l'expérience est venue. L'expérience, en somme, revient à n'exagérer ni la gravité ni la légèreté des choses. À se débarrasser autant de la désinvolture que de l'inquiétude, et à trouver, au-dessus des nuages que sont les événements, l'égale sérénité qui est la paix des cimes.

La communication est une activité où les tentations destructrices de l'humiliation et de la vanité sont présentes à chaque carrefour. L'expérience remet les choses à leur place.

L'expérience dans notre métier a un dernier sens aujourd'hui : celle que nous procure l'usage d'un produit, la fréquentation d'un lieu, la relation* publicitaire à la marque*, et qui aboutit à la création d'un lien étroit entre produit, marque et consommateur*.

Fidélisation

Rançon du zapping*.

Généreux

Je sais bien ce dont on nous soupçonne : nous, hommes de communication, ne penserions qu'à nous. Notre obsession serait notre profit ; notre idéal se confondrait avec notre intérêt ; nos valeurs* ne seraient que boursières ; nos principes seraient rigoureusement indexés sur nos appétits. Nous n'aurions aucun respect* pour des consommateurs* que nous traiterions avec cynisme*.

Au moment de démontrer que c'est faux, je ne voudrais pas qu'on puisse m'accuser de frivolité ou d'hypocrisie dans mes déclarations d'intention : il y a certes, dans notre métier comme du reste dans tous les autres, une part d'égoïsme qui est simplement la condition nécessaire à la survie et à l'équilibre de chacun. La tolérance, l'ouverture d'esprit, la compréhension, l'adaptation aux autres, ne reviennent pas à quelque goût macabre pour le sacrifice, qui serait contraire à la logique autant qu'à la nature. Penser à soi, à soi aussi et à soi d'abord, est un principe que l'on retrouve jusque dans les morales les plus altruistes : « Tu aimeras ton prochain comme toi-même », dit le Lévitique, et non pas « plus que toi-même ».

Il n'empêche. La communication en général et la publicité en particulier, sont, par définition, une mise au service des autres, des clients, mais aussi, de façon plus vaste et plus désintéressée, de la société au sens le plus large.

Donner du poids, de la couleur et du sens* à une marque*, c'est en donner à ceux qui contribuent à la faire exister, c'est créer de la valeur, de la richesse, et bien sûr, indirectement, de l'emploi.

Apporter une part de rêve* au consommateur, c'est lui ouvrir une fenêtre par laquelle il peut s'échapper de sa vie quotidienne, élargir les horizons bouchés d'une existence monotone, renouveler le champ de ses possibles.

Il n'y a de bonne communication que loin du cynisme*, de l'étroitesse et de l'avidité. Être efficace, c'est être généreux.

Et cela est vrai du processus de travail en agence : il n'y a de bonne collaboration que généreuse.

Holistique

L'approche holistique s'appuie en premier lieu sur une vision unitaire de la communication considérée comme un tout indissociable, et non comme une simple agrégation ou accumulation de moyens (communication dite « intégrée »).

Cette approche inspire profondément la philosophie d'organisation et d'action de Publicis. Le hasard veut que *Holism and Evolution* de J.-C. Smuts, ouvrage considéré comme fondateur, a été publié en 1926, année de naissance de Publicis.

Bien au-delà du « tout est dans tout » dont se nourrissent les courants de pensée syncrétiques et « New Age », la théorie holistique est entièrement dynamique et dialectique. Comme le souligne Jean-Marie Robine, spécialiste de la *Gestalttheorie,* Smuts pose l'holisme comme étant autocréateur, « processus créatif fluide » aboutissant à ce que le tout soit beaucoup plus que la simple somme des parties qui le constituent. Dans les théories mécanicistes, additivistes, agrégativistes, chaque partie agit séparément. Le tout, ce qui en résulte, n'est que la somme des composants.

Dans une perspective holistique, en revanche, c'est la synthèse qui prime, les composants n'étant plus reconnaissables dans le résultat unifié, qui est aussi bonifié.

C'est dans cette synthèse à valeur ajoutée, authentique modification d'état, que réside le principe de créativité qui est au cœur de la théorie holistique : cette créativité donne vie à de nouvelles structures, de nouvelles espèces, mais aussi à de nouvelles valeurs* qui, à leur tour, irriguent et enrichissent l'ensemble des structures et processus internes. On est loin, très loin, du simple 360°.

La *holistic difference* telle que nous la mettons en œuvre crée pour les marques* une valeur bien supérieure à celle qui résulterait d'interventions successives simplement coordonnées. Ce dont nous parlons, c'est d'un état d'esprit et d'une méthode de travail qui offrent un pouvoir démultiplicateur, créateur de valeur ajoutée, accélérateur de performance. La théorie holistique est un moyen que nous déployons au service d'une fin ultime : trouver pour les marques leur différence*, ce qui les rend uniques, parce que, comme l'écrivait Ferdinand de Saussure, « c'est la différence qui fait le caractère, comme elle fait la valeur et l'unité ».

Mettre en œuvre l'esprit holistique n'est pas si simple : il faut bousculer les habitudes, changer les mentalités, inventer de nouveaux repères, pour passer d'une culture* de silo à une culture de réelle coopération, et d'une vision techno-centrée à une autre vision, authentiquement client-centrée. On retrouve ici les notions de partage et de générosité.

Honnêteté

Rien n'est plus honnête que la publicité.

Tout d'abord, elle se présente pour ce qu'elle est – de la publicité puisqu'elle dit ouvertement : « Ce que je dis ici a une vocation* : aider à vendre, à convaincre, inciter à changer de comportement*. Je veux vous séduire, et vous amener à choisir mon produit, mon service, ma marque*. »

Ensuite elle s'affiche uniquement là où elle y est invitée, enfermée par le législateur dans des cartouches spécifiques (des écrans publicitaires, des spots dûment annoncés, des pages de presse, des bandeaux sur le net, des abribus...). Ainsi identifiée comme de la publicité, elle est l'objet d'un métalangage : l'écran publicitaire opère comme un filtre qui prévient le passant que le message de l'affiche est intentionnel, et le jingle de radio annonce à l'auditeur qu'il est à l'écoute de messages payés.

C'est précisément parce qu'elle est identifiée comme de la publicité, qu'elle peut avoir la liberté* de ton et la licence stylistique qu'on lui connaît. Sans cela, le même message, ailleurs, n'aurait pas le même sens.

Enfin, la publicité signe toujours son message du nom de la marque*, de l'entreprise ou de l'organisation qui la commandite : elle dit ainsi ouvertement qui la paie, « pour qui elle roule ».

Aussi poserai-je une question : la publicité n'est-elle pas plus encadrée que l'information qui, comme elle, ne présente qu'une partie de la réalité mais sans expliciter les intentions de ses commanditaires, voire de ses commentateurs ?

Humanisme

Voilà un mot lourd à manier et qu'il y a lieu d'utiliser avec précaution. Le sentiment indissociable de l'humanisme, c'est le respect*. L'autre n'est jamais un moyen pour accéder à une fin mais bien une fin en soi.

Une des manifestations de l'humanisme, c'est l'échange et peut-être avant tout celui des mots et des idées*, c'est-à-dire la communication. La communication est, en effet, un lien affectif entre les hommes. Elle se doit de se prévaloir de l'humanisme parce que, s'adressant à l'humain, elle exige une connaissance et une compréhension de l'autre, elle suppose que nous pouvons tous nous comprendre et savoir aimer, ressentir, rire, nous émouvoir des mêmes choses.

Nous pensons que l'humanisme est une de nos valeurs* (je n'oserais jamais dire que j'en suis sûr) au point que dans les caractéristiques qui définissent le groupe que je préside nous n'avons pas hésité à écrire : « Nous croyons en l'homme. »

Humour

L'humour est à la fois une force et un don.

C'est une force car il n'y a pas de meilleure arme pour désarmer la vie, dans ce qu'elle a de plus cruel, et les autres, dans ce qu'ils ont de plus nuisible.

Avoir de l'humour, c'est prendre de la distance, relativiser, mettre en avant le caractère amusant ou absurde de certains aspects d'une action ou d'un discours.

L'humour est un don : quoi de plus beau que faire rire ? Et quelle plus belle récompense qu'un éclat de rire ?

Faire rire, c'est émouvoir : c'est donc le signe* d'une communication réussie. Ce n'est pas un hasard si la création* publicitaire et les créatifs en particulier aiment bien l'humour : c'est en effet un des meilleurs vecteurs d'idées*, un des moyens d'expression et d'échange les plus forts. Il crée une connivence* entre la marque* et sa cible et garantit ainsi l'impact* recherché.

Rabelais disait que le rire est le propre de l'homme, sa particularité. L'humour est profondément humain. Nous avons, pour cela, le devoir d'en faire bon usage. Dans la vie, comme dans la publicité.

Car il existe un autre rire, cruel ou violent celui-là, et un autre humour, féroce, qui s'apparente à la dérision. Fondé sur le rejet de l'autre, de son apparence, de ses valeurs*, il est un repli sur soi où la moquerie cache mal sa cause : la peur, le refus de la différence*, la négation de la diversité. L'humour peut être aussi l'arme agressive de l'irrespect.

Savoir communiquer, c'est savoir tracer, au sein du rire, cette frontière de l'humain et de l'inhumain.

IDÉE

L'histoire des idées est l'histoire de la communication des idées.

L'idée est le bien le plus précieux et le plus fragile.

Il faut la couver pour lui donner les chances de naître, la protéger pour lui donner des chances de se développer, de survivre intacte, de ne pas être dévoyée ou diluée au fur et à mesure qu'elle circule dans les équipes, chez l'annonceur, dans les réalisations...

Une belle idée est simple, touchante, efficace.
Elle est rare.

Exemple : « Et si le luxe, c'était l'espace ? »

IDENTITÉ

Un mot particulièrement riche de sens à mes yeux, pour beaucoup de raisons.

D'abord parce que l'histoire de Publicis ne peut se comprendre sans ce mot. Notre identité familiale et entrepreneuriale est ce qui nous distingue le plus profondément des autres leaders mondiaux de notre industrie. Face à des holdings d'origine anglo-saxonne résultant de mouvements organisationnels variés, nous avons toujours été et nous demeurons mus par une histoire singulière et forte, tout entière incarnée, pendant soixante-dix ans, par la figure du fondateur de Publicis, Marcel Bleustein-Blanchet.

Bien plus qu'une simple entreprise, Publicis est une famille. Cette famille de racines françaises accueille aujourd'hui en son sein des membres d'origine anglaise, comme Saatchi&Saatchi, ou nord-américaine, comme Leo Burnett. Et bien d'autres encore, sur tous les continents. Parce que notre identité est puissante et sereine, nous les accueillons avec un très grand respect* de leur différence*, que nous considérons comme un enrichissement pour nos clients comme pour nous-mêmes. « Viva la Difference ! » est d'ailleurs notre « signature » de Groupe, l'alliance des trois langues espagnole, française et anglaise – les trois premières langues mondiales – claquant joyeusement sur notre étendard.

Les psychologues parlent volontiers de l'identité comme étant « la conscience de la persistance du Moi ». Cette définition nous va très bien. Nous savons qui nous sommes, d'où nous venons, vers où nous souhaitons nous diriger. Nous avons des valeurs* solides, auxquelles nous croyons et qui guident nos choix. En un mot comme en mille, nous avons une identité.

Peut-être est-ce d'ailleurs aussi pour cela que les plus grands groupes mondiaux nous confient leurs marques* : tout simplement parce que nous sommes nous-mêmes une marque et non, comme Mirabeau le disait de la France prérévolutionnaire, un « agrégat inconstitué de peuples désunis ».

IMAGE

Représentation imaginaire*, imaginée d'une marque*.

Pas de communication sans imagination*. Pas d'imagination sans image. L'image est la garantie du concret, et la communication est chose concrète.

Car enfin, de quoi s'agit-il ? D'enraciner les rêves* dans la vie de tous les jours, de donner du corps aux espoirs et de la chair aux songes. Cela est impossible sans images.

L'image a un privilège : elle n'a pas, pour exister, à se soucier de fidélité, d'exactitude ou de vérité. Elle est, et cela lui suffit. Du moment qu'on la voit, elle existe, et les accusations de duplicité, d'hypocrisie, d'incohérence qu'on peut adresser aux discours n'atteignent qu'indirectement les images. Elles ont la durée tranquille des existences simplement données.

C'est aussi ce qui les rend si fragiles et parfois si suspectes : elles sont sujettes à toutes les interprétations.

Mais l'image, en communication, acquiert une forme d'existence qui est en fait un paradoxe* (les paradoxes sont prisés dans notre métier) : l'image est un média* immédiat.

Elle fait irruption sans lien, sans personne ni rien pour servir de jonction, elle s'impose et elle ne s'interpose pas. Et, dans le même temps, elle est un intermédiaire, elle est le moyen pour une marque*, ou pour une idée*, ou pour une cause, d'aller vers le consommateur*. Pour se présenter, il faut commencer par représenter, c'est-à-dire par mettre en scène, par figer une situation qui, une fois qu'elle atteint la pérennité de l'image, parvient aussi à une forme d'éternité.

Dans une image, il ne faut rien laisser au hasard, il faut se garder de la tentation de se fier aux choses comme elles vont. Tout compte, et l'œil attrape les détails, dont chacun participe à ce tout qu'est l'image. Rien n'est insignifiant. Toute image, même médiocre, prétend donc au chef-d'œuvre, puisque la moindre restriction la dépareille et que la moindre hésitation l'altère.

IMAGINAIRE

L'imaginaire n'est pas seulement l'imagination, mais le système de représentations avec lequel nous percevons le monde.

Il n'est pas un doux rêve* qui viendrait nimber une réalité, mais la vision avec laquelle nous la regardons : selon que nous avons une vision claire ou opaque du futur par exemple, nous nous y engageons ou nous nous crispons. Selon que nous avons une vision de la technologie prometteuse ou menaçante, nous serons sur- ou sous-équipés.

À ce titre, l'imaginaire guide nos comportements*.

Comprendre nos imaginaires, c'est analyser à la fois ceux d'une époque car ils évoluent dans le temps, ; ceux d'une culture*, car chaque pays a sa propre inclinaison ; ceux d'une cible, car chaque milieu développe aussi son imaginaire, sa vision du monde...

Comprendre ces imaginaires, c'est identifier les rôles récurrents, comme le rôle maternel nourricier dans l'alimentation, c'est comprendre aussi ce qui rassemble les cultures, par exemple, dans leur vision du clair et de l'obscur, de l'ascensionnel ou du déclinant, c'est aussi comprendre les systèmes de hiérarchisation...

Imagination

Baudelaire disait de l'imagination qu'elle est la reine des facultés humaines, parce qu'elle les gouverne toutes. Reine, en tout cas, elle l'est en communication.

La réalité est tissée d'imaginaire et l'image que nous avons d'une chose est plus importante que la chose elle-même.

Mais l'imagination n'est pas seulement créatrice d'images, elle est créatrice de désirs*, de défis, de dépassements. Ce que l'homme a fait de plus grand, comme de plus terrible, est d'abord né dans son imagination. Reine, peut-être, mais elle doit être bien conseillée...

Avoir de l'imagination est nécessaire pour atteindre les autres, faire passer des idées, même dérangeantes, et mieux parler de la réalité. Lorsque l'on fait de la communication, il faut à la fois imaginer à qui l'on s'adresse, ce dont il a besoin ou envie, et imaginer ce que l'on va dire ou montrer afin que ça le touche, l'étonne, lui plaise, le convainque.

Imaginer, c'est créer. Communiquer, c'est créer de l'imaginaire, parler à l'imagination : la communication est donc doublement créative.

L'imagination est indispensable à la communication. Car, au-delà de la création* d'images, de mots, d'univers, de sens, de désirs et de rêves*, elle a pour vocation* aussi d'enchanter le monde.

Impact

Le vocabulaire est militaire : on vise une cible, et la balle laisse un impact. Il est vrai que la communication est une activité à bien des égards martiale. Il faut aimer l'abordage et vouloir la conquête, il faut savoir étendre son succès pour le porter au-delà de son territoire initial.

Mais nos armes ne sont pas chargées, et notre but est de toucher, pas de blesser. L'impact est la marque* laissée. Il est la trace qui perdure une fois la campagne achevée, quand s'éloignent le bruit et la fureur. Il est le souvenir qui subsiste dans l'esprit du consommateur*, le souvenir d'une certaine différence*. C'est l'impact qui est vraiment « ce qui reste quand on a tout oublié » (voir *culture*).

INFLUENCE

Au Moyen Âge, force astrale supposée agir sur caractères et destins, principe mystérieux agissant sur les hommes, l'*influenza* fut aussi au XIXe siècle synonyme de maladie épidémique.

Aujourd'hui, la théorie communicationnelle de l'influence n'a plus grand-chose d'occulte. Qu'est-ce que l'influence ? Le nom par lequel on désigne l'ensemble des techniques d'information, de conviction*, de persuasion déployées par les parties prenantes d'une opération de communication corporate, de relations presse et publiques, de lobbying ou encore de crise *(issues management)*.

À l'âge de la société de l'information, la communication d'influence n'est guère que le prolongement médiatique et « technique » d'affrontements politiques, juridiques, économiques, financiers, managériaux, sortant de gré ou de force du champ clos des désaccords individuels.

Il n'y a pas là matière à fantasmes : il ne s'agit que de régulation des rapports personnels ou institutionnels par d'autres moyens que le duel en quai de Grève.

INNOVATION

Le mot apparaît à la Renaissance (est-ce un hasard ?) sous sa forme et dans son sens actuels : *innovare,* c'est renouveler, forger quelque chose de neuf, changer, inventer.

Donc : *innover,* au vrai sens du terme, c'est-à-dire de manière radicale.

Innover, c'est d'abord témoigner d'un état d'esprit d'entrepreneur.

L'exemple vient de loin. L'*innovator* de la Renaissance était jugé tel à l'aune de sa capacité prouvée à créer, à initier, à inspirer, à promouvoir de nouvelles formes de pensée et d'action.

Innover, c'est ensuite privilégier une culture* de l'écart : contre tous les archaïsmes, contre la tentation de la routine, contre le poids des traditions, contre tous les conservatismes, contre le culte de la copie et le confort de l'imitation, l'innovation bouscule les habitudes.

Innover, c'est aussi identifier, évaluer et accepter le risque inhérent à l'esprit d'entreprise. On n'innove pas si l'on craint l'inconnu, si l'on redoute l'inédit. Seuls la hardiesse, l'ingéniosité, le culot, l'audace*, voire une forme de témérité – maîtrisée – permettent au sens de l'innovation de s'épanouir. Et si erreur il y a, elle est riche d'enseignements : comme l'observait Gaston Bachelard, « la pensée progresse à coups d'erreurs corrigées. La science procède de même : il n'y a pas de vérités premières, mais seulement des erreurs premières ».

Innover est aujourd'hui vital pour l'économie mondiale et en particulier occidentale. C'est aussi vrai pour une industrie de la communication confrontée à de redoutables défis économiques et culturels.

Inspiration

Cinq précieux pour cent de notre métier.

Voir *transpiration*.

Interactivité

Ubiquité, instantanéité, multiplicité des interactions possibles : la constitution du réseau* Internet comme plate-forme de convergence entre les télécoms, l'informatique et l'audiovisuel est une formidable révolution. Accessibles à tout moment, en tout lieu, sur des terminaux multiples (ordinateur, téléphone portable, TV interactive, PDA...), les marques* doivent penser le décloisonnement de leurs modes de contact au consommateur*.

Pour ne prendre qu'un exemple parmi d'autres, l'utilisation du téléphone portable (écran, voix, data) pour entrer en relation* avec les consommateurs, notamment en utilisant les ressources de la géolocalisation, constitue pour les marques qui sauront s'en emparer un véritable 1789 numérique : vous descendez les Champs-Élysées, un texto vous invite à entrer dans le magasin qui est vingt mètres plus bas à votre droite pour profiter d'une promotion exceptionnelle limitée à une heure, vous y allez ou pas ? Parce que ce message vous touche au bon endroit, au bon moment, sur le bon canal, avec la bonne proposition (ce magasin vend justement ce qui vous intéresse), vous y allez, bien sûr !

Intime

La communication a gagné son pari si le consommateur* a le sentiment qu'on lui parle de lui, à mi-voix, de façon informée, mais non pas indécente, attentive, mais non pas indiscrète.

L'intimité est un pré carré, elle est comme un lieu sacré qui ne souffre pas la transgression. Savoir y entrer sans la forcer, l'effleurer sans la brusquer et y rester sans l'irriter, est la vraie mise à l'épreuve de la subtilité des publicitaires. La communication trace inlassablement des frontières : celles qui séparent la vie privée de la vie publique, l'indicible du dicible, le profane du sacré.

Déterminer cette frontière relève de la psychologie, la respecter s'apparente à la morale, la franchir appartient à l'art.

Voir *pudeur*.

JUSTESSE

Voir *pertinence*.

LIBERTÉ

La valeur suprême, parce qu'elle est un point de départ et un but ultime, et parce qu'elle est celle sans laquelle les autres ne sont pas. Elle est la grâce sans laquelle les autres dons ne s'épanouissent pas, la chance qui donne leur chance à toutes les chances.

La liberté, c'est d'abord une sensation physique, celle que l'on éprouve quand on sent qu'on se situe enfin au-delà des obstacles, quand les pensées et les rêves* s'exaltent, se dilatent et ne voient plus que la volonté comme frontière entre le présent et l'avenir. La liberté est donc d'abord une question de puissance acquise : est libre celui qui s'est débarrassé d'assez de contraintes et de soumissions, pour avoir la certitude que les chaînes sont brisées. C'est l'une des conditions de la véritable communication : pour convaincre, séduire, émouvoir, persuader, il faut d'abord avoir une conscience* et une action souverainement libres. Et ce n'est pas une coïncidence si la publicité se développe mieux dans les pays libres (voir *opinion*).

Mais le génie de la communication est d'encadrer la liberté par la rigueur*. Encadrer n'est pas entraver, mais libérer les possibilités, rendre plus naturelle la réalisation des intentions et plus spontané l'accomplissement des volontés. Partons d'une idée* simple : la liberté, ce n'est pas faire ce que l'on veut, mais vouloir ce que l'on fait. Un homme vraiment libre n'a de libertés que celles qu'il s'accorde.

La liberté, c'est aussi et surtout celle des consommateurs*, et ce n'est pas la moindre des subtilités que le respect* de cette nuance : il faut savoir inciter, mais non pas obliger, et jamais une campagne ne doit s'apparenter, fût-ce indirectement, fût-ce par allusion, à une sommation. C'est toujours par choix, par consentement délibéré, que le consommateur ira en définitive vers un produit.

La communication perd son sens* si l'émetteur comme le récepteur peuvent douter un seul instant de la maîtrise de leur souveraineté et de l'étendue de leur liberté. Dont celle d'ignorer, de contester, voire de honnir la publicité.

Logo

Du *logos,* mot, parole*, discours, au *logo,* signe* à la fois verbal et graphique, associant le plus souvent un nom (avec sa typographie) et un symbole (signe graphique abstrait ou figuratif) : on est toujours dans la désignation et la représentation, mais par d'autres moyens que simplement linguistiques.

Signe de ralliement de l'institution ou de l'entreprise, signe de reconnaissance de la marque*, le logo est un élément clé de l'identité* et, par conséquent, de la valeur de marque.

Logo, no logo ? L'époque est à la recherche de boucs émissaires, l'identité visuelle en est un, assez pratique puisque concentrant symboliquement la marque* tout entière et, plus largement, le « système ». Même si cela passera, il faut nous interroger. Nous devons défendre, promouvoir les marques, les faire adopter et les gérer pour éviter ces excès qui amèneront nos clients, nos consommateurs*, à se détourner. Je considère le livre de Naomi Klein comme salutaire, même si je récuse, là aussi, ses excès. Au début du XIXe siècle, déjà, des grincheux pestaient contre la taille des enseignes de rue, qu'ils jugeaient excessive...

Le marketing consiste-t-il à être guidé par le marché ? Est-ce une évidence ? Longtemps, la production a guidé les entreprises, les ingénieurs ont été plus recherchés que les commerciaux, la logique administrative a prévalu sur celle des usagers, ou la logique d'achat dans la grande distribution a été plus influente que la logique du client.

Aussi la grande révolution du marketing a-t-elle été de placer le client au centre des préoccupations et au centre aussi de l'organisation des entreprises. La communication qui dépendait souvent du département des ventes s'est autonomisée pour devenir une fonction majeure préalable même à ces ventes.

Le marketing évolue avec la société.

Ainsi, tant que la société française était dans les années 1960 pyramidale, le marketing a obéi à une logique hiérarchique qui consistait à présenter à la clientèle les modes de vie de la catégorie immédiatement supérieure.

Quand, dans les années 1980, la société est devenue matricielle, le marketing s'est déployé autour des notions de mode et de style de vie.

Dans les années 1990, la société s'est individualisée et le marketing s'est personnalisé, utilisant des outils et médias* *one to one* pour toucher chacun dans la singularité de sa relation* à la marque*.

Le marketing se diversifie et se segmente selon les modes de vie, par exemple en marketing ethnique*, quand l'appartenance à un groupe ethnique justifie physiologiquement ou culturellement des modes de consommation particuliers ; en marketing sonore, visuel, et maintenant olfactif quand il cherche à interpeller la mémoire* et le cerveau reptilien par des fragrances familières ; en marketing tribal qui tente de pallier l'infidélité croissante par la référence à des codes communautaires ; enfin, en marketing politique qui se développe non seulement pour convaincre l'électeur mais le séduire émotionnellement.

Le marketing reflète ainsi la manière dont l'économie prête attention à ses membres. Il n'y a pas de marketing sans marché libre.

Mais être au service de ces clients ne revient pas à être servile.

Le marketing n'est pas la simple soumission au marché mais la meilleure réponse apportée a des besoins et des désirs* parfois encore latents et qui se révèlent, une fois l'offre proposée.

Le marketing est à l'entreprise ce que la démocratie est à la politique : une modalité opératoire qui place le destinataire au cœur de son processus.

Marque

Marquer. Dans de nombreuses langues, la marque, le marquage, la brand (tison), le brandon est le signe, le sceau apposé sur un troupeau ou un objet pour en signifier la paternité. Marquer, c'est ainsi d'abord donner son nom, c'est dire « ce n'est plus anonyme, c'est à moi » et revendiquer une paternité, une filiation, une appartenance : en somme, des droits et devoirs. De même que le paterfamilias romain brandissait son enfant au-dessus de sa tête pour le reconnaître et signifier son appartenance à la *gens,* l'entreprise ou la marque donne son nom à un produit, affirme ainsi sa paternité mais attend respect* de son héritage, de son ADN, de ses codes mais aussi développement de son territoire.

Se démarquer des concurrents. Car dès qu'il y a marque, il y a exigence de différence*, exigence de valeur ajoutée.

Et se faire remarquer pour sa différence.

En définitive, je dirais qu'une marque est une différence perçue.

Autrement dit, on ne naît pas marque on le devient quand ses destinataires l'ont reconnue. C'est pourquoi la marque a ontologiquement besoin de communication : elle ne peut vivre seulement comme un postulat d'entreprise, et ne commence à exister que lorsqu'elle a créé une relation*, un contrat auprès de ses destinataires. Sans communication, la marque se délite, s'étiole, se vide et devient une coquille vide, sans sens* ni substance. Elle perd son pouvoir d'attirer, sa valeur ajoutée, et sa capacité à justifier un différenciel de prix.

Mais elle doit respecter et incarner ce contrat de marque dans ses produits, ses services, ses lieux, ses sites, ses événements.

Enfin, la question de la valeur de la marque. Il existe une hiérarchie des marques qui étalonne le différenciel de prix.

Cette hiérarchie prenait auparavant pour socle les marques nationales. Les marques de distributeurs les prenaient comme référence et promettaient, à qualité équivalente, une réduction de 25 % environ, grâce à l'économie que le distributeur réalisait en évitant des frais de recherche* et de développement. Mais il a fallu du temps aux marques de distributeurs pour se faire reconnaître comme de vraies marques, capables de susciter la confiance, d'incarner la sécurité, la fiabilité, la constance dans la qualité et la proximité dans la relation*. Les marques premiers prix représentent un autre contrat, elles n'expriment pas l'incarnation de la philosophie d'enseigne, elles existent comme entrée de gamme, pour rivaliser avec l'offre des *hard discounters* et leur absence d'investissement en frais de personnel, en merchandising, en design*, en packaging...

Médias

De la *Gazette* de Théophraste Renaudot en 1631, à la révolution technologique de ces deux dernières décennies, les médias ont été l'objet de toutes les critiques mais aussi de toutes les convoitises.

Instruments incontestables de progrès et de liberté*, ils peuvent être aussi vecteurs d'une propagande* politique et idéologique – la prise de pouvoir d'Hitler ou plus récemment la dictature en Irak, au Cambodge, au Chili en sont de tristes illustrations.

La responsabilité et l'éthique* des médias doivent donc être sans faille.

D'autant plus qu'aujourd'hui, avec le Net, les jeux vidéo, les blogs, la téléphonie mobile, on assiste à un véritable « 1789 des médias et de la publicité » avec toutes les conséquences que cela implique. Veillons donc à ce que cela ne soit pas suivi d'un 1793.

Mémoire

« Souviens-toi, n'oublie pas » : au cœur de la Bible, on trouve cet impératif, qui exprime parfaitement les deux formes de mémoire dont la communication peut se nourrir : la mémoire passive, qui consiste à faire appel à ces souvenirs communs qui constituent l'inconscient collectif, et la mémoire active, qui revient à acquérir, en hommage à ce qui fut, un autre regard sur ce qui est.

La communication, comme toutes les entreprises vraiment humaines, est une œuvre de mémoire. Chaque espace de publicité est, sans vouloir abuser d'une expression vénérable, un lieu de mémoire, au sens le plus auguste du terme, c'est-à-dire que s'y expriment des craintes indépassables et des espoirs réalisables. Communiquer, c'est en effet jouer avec les sous-entendus, tabler sur les allusions, faire usage des non-dits, pour que ce qui n'est pas exprimé soit toutefois compris. La mémoire est cette réserve de sous-entendus, qui est l'écho de ce qui fut. C'est grâce à elle que la communication atteint sa fonction absolue : discerner, dans ce jeu de miroirs où s'exerce l'intelligence, l'image* originale de la réalité.

La mémoire est une humble fierté. Elle est cette force intime* qui maintient debout. La publicité en est non seulement l'expression, mais le territoire, pour deux raisons :

D'abord parce qu'elle révèle les rivières souterraines qui donnent sa sève à l'esprit général d'un peuple, et qui font qu'il est des psychologies collectives. Dans une campagne de publicité, se trouvent exprimés les attentes, les rêves*, et aussi les références, les souvenirs de plusieurs générations.

Ensuite parce qu'elle devient, au bout d'un certain temps mais en fait assez vite, une part de la mémoire collective, et parce qu'en s'inscrivant dans le paysage de la culture*, elle demeure indissociable de ce sulfure où s'enkystent les traces du passé, et qui reste à jamais le témoignage d'autrefois. Après avoir usé de la mémoire, la communication l'a servie, et après l'avoir servie, elle devient mémoire.

Ce qui compte le plus, en dernière analyse, ce n'est pas l'effet immédiat, l'impression de l'instant. C'est ce qui dure, ce qui reste, la marque* et la trace.

Mondialisation

Une chance à saisir. Un risque à courir. À saisir totalement. À courir jusqu'au bout. Si la responsabilité de la politique est de protéger les frontières, le rôle de l'économie est de les dépasser. Et une entreprise ne peut pas plus être un peu mondiale qu'une femme un peu enceinte. On est mondial ou on ne l'est pas.

Donc, soyons mondiaux. Et souhaitons que notre pays renonce à ce réflexe, contraire à son idéal comme à son intérêt, qui consiste à voir le monde comme un champ de menaces plutôt que d'occasions. Le monde est vaste. Il est plein de possibles inexploités et de nouveautés inexplorées. Alors, allons-y, avec prudence mais sans peur, avec sagesse mais sans pusillanimité. Allons-y, en sachant rester nous-mêmes sans chercher à donner des leçons, en sachant nous défaire de nos certitudes, de notre je-sais-tout, pour apprendre et donner tout autant que prendre. La mondialisation est une invitation à élargir son horizon.

MOTIVATION

Quelles sont les raisons rationnelles ou émotionnelles, conscientes ou inconscientes, égoïstes ou altruistes qui poussent à avoir envie d'un produit, préférer une marque*, adopter un comportement*, adopter un parti pris ?

Le rôle de la communication est de détecter les motivations, c'est-à-dire les raisons qui vont être le moteur de l'achat, de la fidélité et de la préférence*.

De comprendre si ces motivations sont historiques, culturelles, personnelles. Collectives et statutaires, ou psychologiques et personnelles. D'apprécier si elles sont revendiquées ou cachées, affichées ou masquées. Et en fonction de ces éléments, de lever ou non le voile, d'employer tel ou tel argument.

Hier, dans une société assez normée et hiérarchique, les motivations étaient volontiers statutaires, alors qu'elles sont, dans la société actuelle, davantage de l'ordre de l'expression et de la gratification personnelles.

La communication a partie liée avec la psychologie et la sociologie pour répondre au paradoxe* suivant : donner le sentiment de parler à chacun, tout en s'adressant à plusieurs.

OPINION

Opinion s'écrit le plus souvent au pluriel. C'est que sur la plupart des affaires humaines, un nombre indéterminé d'avis est possible, et la communication offre la chance d'exprimer cette confrontation d'opinions diverses, variées, voire contradictoires.

La publicité est une conséquence et une condition de la liberté* d'expression. Elle ne s'épanouit que dans les pays libres : ce n'est pas un hasard. Elle donne libre cours à toutes les interprétations, à toutes les insolences et à toutes les irrévérences. Elle est une de ces transgressions encadrées sans lesquelles il n'est pas de liberté, de sécurité, ni de sérénité.

La publicité n'existerait donc pas, de même que toutes les formes de communication, si toute opinion n'était pas libre de se révéler. Mais la question la plus délicate est ailleurs : la publicité est-elle un lieu où peuvent se défendre des opinions ?

La réponse qui vient le plus spontanément est : non. La publicité sert une marque. Son but est clair et ouvertement affiché : il ne s'agit pas de défendre une opinion, mais d'illustrer un nom, de créer une référence.

La réponse devient plus complexe si l'on considère la publicité comme partie de ce tout qu'est la communication, qui est l'énergie des convictions* et la controverse des opinions. Car il n'y a communication que parce que, précisément, tout le monde ne pense pas la même chose. La communication est un dialogue des opinions.

Et puis la communication s'adresse à une opinion : l'opinion publique, autre nom des consommateurs*.

De l'opinion publique, les sociologues retiennent le plus souvent deux choses, entre lesquelles il serait hâtif d'établir un lien : premièrement, elle est féminine, deuxièmement elle est injuste. Naturellement on en tient compte, pour que, toujours, celui qui reçoit le message ait le sentiment qu'on s'adresse à lui seul.

Paradoxe

Le paradoxe est source d'inspiration* pour la publicité.

Il permet d'échapper à la pensée unique. Littéralement, il va à l'encontre de l'opinion* : *para-doxa*. Sa posture invite au doute* et à l'interrogation fondamentale.

Sur le plan rhétorique aussi, le paradoxe est utile à la communication car il permet de *dramatiser* l'équation. Il est plus intéressant de dire : « Comment le nouveau produit réussit–il à être aussi bon au goût mais bon pour la forme ? », que de dire seulement qu'il « est bon pour le goût et la forme ». Il est plus stimulant de demander : « Comment une technologie si performante parvient-elle à être si peu chère » que d'affirmer qu'elle est de « haute qualité et bon marché » ?

C'est ce que Publicis a fait pour Renault : « Il est raisonnable de se faire plaisir* », en s'inscrivant dans la droite ligne de La Rochefoucauld : « Celui qui vit sans folie n'est pas si sage qu'il croit. »

En outre, le paradoxe est au cœur de l'imaginaire* actuel. Ainsi les bobos, les bourgeois-bohèmes : fanatiques de *high tech* mais amateurs de bio. Consommateurs* effrénés mais pas ostentatoires. *Trend setters,* mais pas *jet setters.* Critiques, mais pas de la société de consommation. Curieux de tout ce qui touche les couches populaires mais inscrivant leurs enfants dans les meilleures écoles...

C'est en sachant subsumer ces contradictions que l'on touche à une certaine vérité du message car les individus ne sont pas formés d'un bloc homogène.

Leur renvoyer le miroir de leurs doutes* est parfois une bonne stratégie*. Un langage de connivence*.

Parole

On pense souvent à la parole en l'assimilant avec l'écriture. C'est une erreur car elles sont étrangères : on ne parle pas comme on écrit, on n'écrit pas comme on parle. Et, contrairement à l'adage, la parole reste aussi, mais à sa façon.

La parole est vivante, temporelle : elle naît, elle meurt, elle est un souvenir.

La parole occupe l'espace, occupe le temps : elle a d'emblée une couleur, une musique, un climat, un goût.

Dans la parole, il y a plus que les mots ; il y a aussi la voix. La voix : son timbre, ses inflexions, ses accents, son rythme, sa musicalité, ses hésitations, ses balbutiements, ses éclats, ses silences. Une même phrase, selon comme elle est dite, enflamme, réchauffe, refroidit, glace.

La parole n'est pas qu'expression, elle est aussi un bien, une valeur, un engagement, un acte. Une parole donnée devient un devoir, elle oriente l'avenir. Ce don de la parole engage et exige une fidélité à soi-même et aux autres, une responsabilité. En ce sens la parole est créatrice : une promesse, un contrat verbal ont des conséquences concrètes sur la vie : la vie d'un produit, d'un service, d'une entreprise et, plus fondamentalement, sur notre vie.

La parole est donc un média* précieux, différent de l'écrit, différent de l'image*, avec sa force propre, dont la communication n'est pas toujours digne, et qu'elle doit comprendre pour en mesurer l'impact* : elle dit des choses qui sont autrement indicibles.

Passion

De la communication, on peut dire la même chose que de la vie : elle est souvent dure et cela n'en vaut pas la peine si elle est faite sans passion. Le défi est aussi simple à exprimer que difficile à relever : la passion est, par définition, et d'ailleurs selon l'étymologie, subie. Le but est de faire en sorte qu'elle soit choisie. La communication est une passion choisie.

Cela signifie que le cœur y a ses raisons que la raison connaît. Les professionnels de la communication sont des passionnés lucides, des amoureux qui ne perdent pas le nord. Ainsi sont peut-être les vraies passions, mélange d'enthousiasme et de clairvoyance.

Quelle est la première passion ? L'amour*, sans doute, qui seul permet de se trouver et de se perdre en même temps. Il n'est pas de communication sans amour, sans adhésion* sincère, sans volonté réelle de partager, de donner, de recevoir, sans la claire conscience* que tout ce qui n'est pas donné est perdu. On pourrait se borner à dire ici : « voir *amour* ».

Mais l'amour ne suffit pas : chacun sait que cette passion-là peut mourir faute d'estime. Il lui faut le renfort de l'objectivité rassurante, et d'un attachement qui se fonde plus sur le respect que sur la séduction. L'admiration était, pour Descartes, la première des passions. Sans capacité d'admirer, il n'est pas de communication envisageable, parce que l'admiration est, de toutes les passions, la moins subie.

Avec la rencontre de l'amour et de l'admiration s'accomplit la naissance de cette passion que doit être la communication.

Sans doute aussi faut-il plus de passion pour faire ce métier que bien d'autres. Il y a de la démesure dans l'échec, les enjeux sont inhumains et les idées* sont si fragiles qu'il faut les protéger, les défendre avec autre chose que la pauvreté des arguments de la raison.

Pertinence

La pertinence est la condition de l'efficacité pour susciter la préférence*. Elle traverse tous les aspects de notre métier :

- pertinence du sujet : à nous de comprendre le véritable objectif de notre client. Est-ce ce qu'il nous dit ou ce qui n'est pas dit mais suggéré, ce qui est en jeu pour son entreprise mais aussi pour lui à titre personnel ?
- pertinence du diagnostic : il ne s'agit pas seulement de collecter des symptômes, mais de qualifier le problème. La marque* tousse, oui, c'est évident, mais est-ce un rhume ou une pneumonie ? La thérapeutique dépendra de la précision de ce diagnostic.
- pertinence de la stratégie* : avons-nous identifié la bonne cible, le bon interlocuteur, touché le bon *insight* ? Avons-nous donné des raisons supplémentaires, rationnelles ou émotionnelles, de faire préférer la marque ?
- pertinence de la posture : nous posons-nous en véritables conseillers, à l'écoute mais proactifs, avons-nous le ton juste, bienveillant mais exigeant, pour hisser la marque au mieux de ce qu'elle peut devenir ?
- pertinence de la création* : est-elle conforme à la stratégie ? Parle-t-elle aux « cibles », aux interlocuteurs choisis ? Plutôt aux mères ou plutôt aux enfants, s'il s'agit de biscuits ? A-t-elle les bons codes : ludiques

ou rassurants ? Établit-elle la bonne relation* ? Donne-t-elle l'image* attendue de la marque* ? Déclenche-t-elle le désir* pour la marque ?
- pertinence des moyens : sommes-nous au bon endroit et au bon moment ? Avons-nous compris les vingt-quatre heures de la vie d'une femme, d'un homme, d'un adolescent, d'un senior pour lui parler au moment où il est en situation de modifier ses choix ?
- pertinence de la présentation : avons-nous convaincu par nos arguments, séduit par nos approches, donné envie de travailler avec nous ? Nous sommes-nous montrés convaincants et ouverts au dialogue ?
- pertinence de l'accompagnement : sommes-nous reconnus comme des compagnons de route, des partenaires de long terme, des alliés dans le développement de la marque ou de l'entreprise, des conseillers et des soutiens personnels si elle est attaquée ? Ce compagnonnage « pertinent » entre une entreprise et l'équipe de l'agence est un équilibre subtil, avec ses temps forts et ses temps plus discrets, ses moments de joie et ceux de tension aussi.

Je crois qu'il y a une forme d'élégance* dans la pertinence, même si on accepte de l'impertinence dans l'expression publicitaire. Car être pertinent, c'est mettre à disposition non seulement un savoir mais une attitude* qui mêle la force de conviction* et la solidarité d'action.

« Esprit de géométrie et de finesse », disait Blaise Pascal.

PLAISIR

Si un bonheur parfait est impossible, au moins avons-nous le plaisir, les plaisirs. Multiplicité des plaisirs, futiles, quotidiens, intenses ou extraordinaires. Quoi de commun entre eux ? Peut-être ce qu'ils nous disent de la vie en augmentant sa puissance, sa valeur.

Le plaisir est fondamentalement lié au désir*. Satisfaction du désir, mais aussi plaisir du désir lui-même, de ses images*, de ses mots. Car le désir est un moteur, une énergie, qui nous fait vivre, agir, aimer.

Le plaisir réciproque est une composante nécessaire à tout échange. Parce qu'il est une émotion*, il est aussi le passeur, trait d'union entre les hommes pour que circulent les objets, les idées*, les sentiments. Il n'est d'ailleurs pas de communication sans souci constant du plaisir du consommateur* auquel on s'adresse. Plaisir à entendre, plaisir à voir, plaisir à imaginer, promesse de plaisir(s)...

La publicité est censée apporter deux plaisirs : celui de l'annonce elle-même (film, accroche presse, etc.) qui doit, autant que possible, susciter un agrément et le désir de posséder, puis celui de la satisfaction du désir lorsque l'on a acheté le produit : les images forgées par la publicité apportent ce « supplément de plaisir » qui s'ajoute à la satisfaction de posséder, d'utiliser.

Poésie

On s'étonnera sans doute de trouver ce mot dans cet ouvrage. Au nom de quoi, de quel droit, par quelle pirouette intellectuelle un homme de communication entend-il s'approprier un mot si sacré ?

Que l'on soit rassuré : je n'ai pas l'ambition de faire du discours publicitaire un type éminent du genre littéraire que l'on nomme « poésie ».

Beaucoup plus modestement, je voudrais ici me référer à l'idée de création*, de « fabrication », de composition : travail sur l'expressivité, sur la plasticité du signe, sur la séduction par la forme. J'aime l'idée que les communicants d'aujourd'hui sont comme un écho lointain des baladins d'autrefois, comédiens ambulants chargés d'égayer les chalands en leur vantant les charmes de ce qui n'était pas encore des marques* mais qui, par certains aspects, leur ressemblait un peu.

Poésie d'un mot, d'un refrain, d'une idée*. Poésie d'une suite de notes qui demeure et que l'on fredonne sans même y penser (qui ne sait les notes de Dim ?). Poésie d'une composition graphique qui enchante l'œil, ou qui simplement amuse, au détour d'une page de magazine. Pourquoi n'accepterions-nous pas aussi la publicité comme ce discours de légèreté, de simple effervescence, qui donne à notre vie quotidienne un petit je-ne-sais-quoi d'inutile sans doute, mais de si frais ? Et pourquoi certaines de ces trente secondes ne seraient-elles pas de véritables poèmes destinés à nos consommateurs ?

Positionnement

Le positionnement consiste à prendre position sur le marché commercial comme sur le marché des idées*. C'est aussi : se poser en s'opposant. C'est un acte fort.

C'est pourquoi le positionnement repose sur des partis pris, sur un choix, sur l'affirmation d'un point de vue qui dicte la cohérence des décisions.

Le positionnement est le fruit d'une décision et non d'un état de fait.

Il doit être légitime pour l'entreprise, et reposer sur une certaine « compétence », être crédible et disposer d'aouts, spécifique grâce à sa valeur ajoutée, et durable pour se faire reconnaître. Prendre position, pour une entreprise comme pour une personne, c'est affirmer son point de vue, préciser ce que l'on est et veut être mais aussi ce que l'on n'est pas et ne veut pas être. Ce que l'on apporte de différent ou de meilleur.

Il n'existe pas de positionnement sans communication pour le rendre lisible et visible. Tant en interne qu'en externe. Comment ? De plusieurs manières : certaines entreprises affirment leur mission et leur vocation* – Sanofi : « L'essentiel, c'est la santé » –, d'autres encore en faisant partager leur credo : « Viva la Difference ! »

Préférence

Toutes les marques aspirent à être préférées. Car si le client peut aimer plusieurs marques, en situation de choix pour une catégorie donnée, il n'en reste qu'une : LA marque* préférée. Celle qui offre la meilleure réponse au besoin.

Tout l'art de la communication est de bien comprendre pourquoi et comment un individu va être amené à préférer cette marque qui n'est pas toujours la meilleure, ni la moins chère, mais celle qui rencontre le mieux ses besoins, son « compromis » personnel : celle qui le convainc par son innovation*, son design*, son prix, la reconnaissance sociale qu'elle procure, l'expérience* inédite à laquelle elle convie...

La préférence est l'objectif de nos clients qu'il faut atteindre par une différence* pertinente tant dans le produit et la marque que dans leur communication.

Propagande

La publicité est l'opposé de la propagande.

La publicité n'existe que s'il y a concurrence* entre entreprises, entre marques*, entre produits, entre émetteurs. Que s'il existe une possibilité de choix pour le destinataire.

Là où il y a de la propagande, il n'y a pas de concurrence, pas de « marché », pas de contre-pouvoir, pas de contre-parole*, mais une parole unique, et souvent des idées* peu plaisantes.

Aussi, ne peut-on pas être pour la publicité sans être pour la concurrence.

Prototype

Les groupes de communication sont une industrie singulière : une industrie de prototypes !

Oxymore qui croise les exigences de l'industrie, de la standardisation, des économies d'échelle, avec celles de l'artisanat du prototype, de l'inventivité de la création*, de l'unicité de l'idée*, de la singularité de chaque marque*.

Toute campagne est unique et nécessite un processus d'écoute, de conception et de réalisation spécifique. C'est pourquoi je me suis toujours refusé à exiger de Publicis l'adoption d'un style unique, d'une école. Je tiens à la rigueur* d'une méthode, mais pas à l'adoption d'un style.

Car la pertinence* requise par nos métiers tient à ce qu'une marque soit ici servie par une équipe au style aiguisé et humoristique, là par un style sensuel et charnel, là encore par un discours offensif et lyrique, alors qu'une autre marque dévoilera ses codes discrets et élégants.

Être au service des styles de marques*, ce n'est pas imposer le nôtre. Mais proposer une démarche, une approche, un angle de vue qui est notre point de vue. Voir *holistique*.

Pudeur

La communication, c'est l'art de cacher et de montrer, de suggérer ce que l'on cache et d'inventer ce que l'on montre. Et c'est la faculté de ne jamais tout dire, ni tout représenter.

Il s'agit peut-être avant tout, avouons-le, d'une tactique : il faut savoir feindre la pudeur même lorsqu'on ne l'éprouve pas, et garder le charme que confère une certaine retenue, conserver toujours assez de finesse et de coquetterie pour maintenir l'illusion de la distance.

Mais le meilleur gage de succès est de ne pas avoir à feindre la pudeur, et de l'éprouver profondément, comme une nécessité, comme cet instinct qui poussait Adam, au jardin sacré des origines, à cacher sa nudité. La publicité, ce n'est pas l'exhibition. C'est l'art de séduire plus que celui de s'afficher. C'est une science du désir*, et il n'est de désir que si l'on ne donne pas tout, pas entièrement, pas immédiatement.

La communication ne se conçoit donc pas sans élégance, ni l'élégance sans pudeur. Toute la question est de savoir quand, et comment, et jusqu'où, dépasser les bornes. Il faut parfois savoir entrer, avec la légèreté de l'impudeur, dans l'intimité du consommateur*, et se mettre à lui parler de lui, comme par allusion (voir *intime*). La publicité est moins impudeur contrôlée que pudeur transgressée.

RECHERCHE

On connaît la boutade : « Des chercheurs qui cherchent, on en trouve ; des chercheurs qui trouvent, on en cherche. » Ne cherchez plus : la communication vous les apporte, tant la recherche y est tendue vers un seul but : aboutir.

Voir *efficacité* donc, mais surtout voir *liberté*.

La recherche, c'est, au milieu de tant de contraintes et de soumissions, le pouvoir d'explorer sans limites, le devoir de poser toutes les questions, et de n'assigner aucune borne à la curiosité de son esprit, de mener aussi loin que possible son investigation, de pousser jusqu'à la limite la plus lointaine la volonté avide de savoir et de comprendre.

Seule la recherche libre, sans tabous*, sans pudeur*, permet de savoir qui sont exactement les consommateurs*, ce qu'ils veulent, ce à quoi ils aspirent. La recherche préalable, quand elle est de tous ordres – sociologique, psychologique, politique – est la meilleure garantie du succès d'une campagne. À une condition : qu'elle soit menée sans restriction, et jusqu'à son terme.

La recherche est cet effort de l'intelligence libre qui permet de cerner à qui on a affaire. La communication suppose l'étude des publics et des marchés, la connaissance juste des attentes, pour que les désirs* des consommateurs puissent être devancés.

La recherche c'est cette quête permanente d'associer sa curiosité, sa soif de connaissance, de compréhension, pour lever les doutes*, être plus juste, plus pertinent, et surtout mieux accepté.

La recherche, c'est la liberté* au service de l'efficacité*.

RÉCLAME

« Un jour, la réclame devint la publicité. Aujourd'hui la publicité entre au CAC 40. » Ceux qui ont vu, en 2004, cette campagne dans la presse, savent que la grande aventure de la communication au XXe siècle est apparue quand la réclame a disparu.

Le terme « réclame », créé en 1869, était chargé de toutes les allusions méprisantes et de toutes les teintes péjoratives dont est affublée l'idée de mendicité quand elle s'allie à celle d'avidité. Réclamer, quand de surcroît c'est en s'autorisant, pour appâter le chaland, tous les excès de l'exubérance et de la séduction, voilà quelle était l'image* de notre métier, et l'on conviendra qu'elle n'était pas de nature à inspirer la confiance. La réclame, c'était, aux yeux de beaucoup, une activité vile, sans structure économique ni reconnaissance sociale.

Enfin, Marcel Bleustein-Blanchet vint, qui apporta au métier, non seulement des structures, des méthodes, et une déontologie, mais un nom : celui de publicité. Avec l'humilité des visionnaires, il a donné à la publicité sa respectabilité, sa compétitivité et sa pérennité. Pour reprendre son expression imagée, il l'avait trouvée dans le ruisseau, et il en a fait une honnête femme.

Le ruisseau est loin aujourd'hui, et cette honnêteté*, cette noblesse, cette vigueur qui sont à présent les traits de la publicité, on les doit à la lucidité d'un homme à qui cette prose serait dédiée si elle était digne de lui : Marcel Bleustein-Blanchet.

Relation

Quel qu'il soit, tout message porte une *intention* (il vise à atteindre un but), il transmet une *information* (un contenu), il propose une *relation* au destinataire.

Cette dernière dimension – la relation construite dans et par le discours – est devenue centrale, en communication comme ailleurs, et on pensera notamment au champ politique.

Dans son discours, au-delà de son évidente intention et des performances qu'elle me vante, quelle image* la marque* propose-t-elle à celui auquel elle s'adresse ?

Quelle image d'elle-même, tout d'abord ? Quelle image du destinataire ? Et quelle image de la relation construite : d'influence ou de connivence* ? De domination ou d'égalité ? D'arrogance ou de respect* ?

On ne se posait guère ces questions il y a quelques années. Dans un contexte de plus grande tolérance à la communication en général, et à la publicité en particulier, l'essentiel de l'effort portait sur l'efficacité* de la démonstration, fin et moyens tendant parfois à se confondre.

Les temps ont changé, et ne pas consacrer les soins nécessaires à la relation de marque* serait aujourd'hui plus qu'une erreur : une faute irrémédiable.

Nous devons penser la relation dans une logique d'interaction et non de simple transmission unidirectionnelle des messages, c'est une ardente nécessité.

Nous devons penser la relation dans la durée et en intégrant sa fragilité : communiquer est un combat dont l'issue n'est jamais connue d'avance. Nous devons nous le répéter chaque jour avec humilité, et combativité.

Repère

Toute marque est un repère. Dans le maquis des produits, des enseignes, elle me parle. Elle m'est familière. Elle me guide car je la reconnais dans un monde que je reconnais de moins en moins. Elle m'aide à me frayer un chemin. Elle me satisfait le matin, elle me fait plaisir* à midi, et elle m'enchante le soir. Elle est ma compagne dans la ville bruyante, parfois hostile, souvent étrangère. Elle est mon amie et me rassure.

Un défi nouveau qui atteint les sociétés occidentales. Il porte sur le changement de différenciel.

L'enjeu des marques nationales de justifier leur différenciel de prix par celui de leur qualité et de leur valeur ajoutée. Mais il est toujours plus facile de témoigner d'une différence de prix que d'une supériorité de qualité.

Aussi dans certains secteurs, l'attractivité des marques est-elle menacée. Ce n'est pas un effet de conjoncture, mais la manière dont les consommateurs* votent avec leur pouvoir d'acheter et traduisent littéralement « le prix qu'ils sont prêts à payer », la différence* requise.

Dans les pays où la consommation est encore peu développée, le statut de marque continue de représenter une valeur ajoutée de sécurité, de qualité, de fiabilité, voire d'écoute et d'assistance.

La valorisation de la marque est au cœur de nos métiers.

RÉSEAU

Un mot banal en soi, presque galvaudé, largement utilisé dans beaucoup de domaines. On parle de réseau ferroviaire, de réseau commercial, de réseau d'espionnage, de réseau de télévision, de réseau d'amitiés, de réseau téléphonique, de réseau routier, de réseau câblé...

Mais loin d'être banal, réseau est un mot fondamental qui, de surcroît, a pris une dimension mondiale avec notamment l'arrivée d'Internet. C'est un mot clé de la communication : sans réseau, il ne peut exister d'échanges entre les individus qui forment la société civile ou économique.

Tout réseau est doté de caractéristiques essentielles à la communication : cohérence, facilité de transmission, complémentarité, organisation sans faille, territoire géographique bien défini, pilotage central. C'est pourquoi, aujourd'hui, aucun groupe de communication ne peut se développer sans un et même plusieurs réseaux forts et internationaux. Les réseaux dans notre secteur ne valent que par la qualité des relations* humaines qui forment en fait le vrai lien entre les entités.

J'apprécie ce mot parce qu'il implique efficacité*, cohésion et solidarité, à l'image des réseaux de Résistance. Je le rejette évidemment dans sa connotation négative quand il s'applique à des manœuvres souterraines, sectaires ou illégales, à l'instar des réseaux mafieux et des trafics en tous genres.

RESPECT

À qui ne respecte pas les autres, il n'est pas possible de se respecter soi-même. Et réciproquement.

Forme froide de l'amour*, forme élégante de la passion*, justification de toutes les confiances et contrepartie de toutes les concurrences*, le respect est ce qui permet à la communication de vivre, sans trahir ses messages, sans humilier ses émetteurs ni offenser ses récepteurs.

Le premier respect est celui qu'on se doit à soi-même. Il faut toujours rester digne de l'idée que l'on se fait de soi, des valeurs* dont on est porteur et de l'histoire dont on garde la trace. Tout homme est d'abord un héritier spirituel : cette dette*, il convient de l'honorer avec simplicité et dévotion. La dignité des héritages acceptés et des traditions perpétuées, la volonté tenace de rester soi-même : tel est d'abord le respect auquel invite la communication. Il s'agit de convaincre les autres sans se renier, et de séduire sans consentir à ces concessions dégradantes auxquelles condamne trop souvent la volonté de plaire. Se respecter soi-même c'est aussi ne pas accepter les compromissions qui sont autant d'outrages. « Cela ne se fait pas », avait coutume de dire Marcel Bleustein-Blanchet quand on évoquait devant lui certaines pratiques, et c'est de lui la plus haute leçon que je retienne : cette grave et simple fidélité à ce qu'on est.

Le deuxième respect est celui que l'on doit aux clients. Mélange de complicité, d'intelligence, d'admiration et d'affection, le respect, produit d'une subtile alchimie des sentiments, demeure dans notre métier l'une des plus belles émotions* dont il nous soit donné de voir l'expression.

Le troisième respect est celui que l'on doit aux consommateurs*. On leur doit d'abord la vérité. Peut-être pas toute la vérité, car nous sommes là pour séduire, pour vendre, mais toute la vérité dans ce que nous disons. Respecter les consommateurs, ce n'est pas seulement ne pas mentir, c'est aussi respecter la personne, ne pas insulter l'intelligence, ne pas choquer pour choquer (même si on n'évitera jamais quelques dérapages malheureux).

Mais le respect, on le doit aussi à ses collaborateurs : ils apportent – souvent – le meilleur d'eux-mêmes et le respect ici n'est pas seulement de les traiter dignement mais d'exiger des clients qu'ils les traitent également avec respect. Et de leur offrir un avenir.

Le respect c'est également celui des partenaires avec lesquels on travaille. Ils nous font confiance. Souvent ce sont de petites et moyennes entreprises qui aspirent à la réussite*, qui sont confrontées à toutes sortes de difficultés, et qu'il faut traiter avec respect et élégance.

Et je pourrais continuer à l'envi. Ce mot est structurant, l'action, il guide la main, le geste, la parole*.

Réussite

Comme la ligne bleue des Vosges entre 1870 et 1914 : « Y penser toujours. N'en parler jamais. » Et surtout ne jamais croire qu'on a réussi. Marcel Bleustein-Blanchet disait : « On est locataire de son succès. »

Rêve

Si la vie était un songe, la communication n'existerait pas. Elle a été conçue pour vaincre et pour élever la dure réalité, et pour en inventer une autre, plus pure et plus belle, où la distance devient élégance*, l'attention*, adhésion*, et l'intérêt, émotion*. Il faut savoir inventer ce qui n'est pas. Ce qui n'existe pas est tellement plus vaste que ce qui existe, qu'on aurait tort de ne pas l'utiliser.

On touche ici à cette lisière où le métier devient un art, et où l'on passe de la sensibilité à l'imagination*. Il s'agit de décrire ce que personne n'a vu, ni entendu, ni vécu. C'est ce qu'on appelle rêver : inventer, à partir du trop connu, un univers différent, atteindre une dimension où rien d'autre que la volonté ne semble s'interposer entre le désir* et la réalité, pas plus qu'entre le présent et l'avenir.

Mais la communication ne crée pas des rêves d'une espèce commune : elle forme des rêves dont on se souvient, des rêves qu'on n'oublie pas aussitôt réveillés. La communication, ce n'est pas tant le rêve lui-même que le souvenir du rêve.

Mais il y a surtout ce rêve, que l'on traitera peut-être de songerie bon marché, mais qui est l'un de nos devoirs les plus chers : permettre aux consommateurs* de voir autre chose que leur spectacle familier, leur donner un peu d'air et leur offrir un peu de couleur. « Ce pays nous ennuie », disait Baudelaire de son univers quotidien. Eh bien, la publicité donne des clefs pour quitter l'ennui, elle offre de petits rêves accessibles, et ce n'est pas la moindre de ses fiertés.

Les rêves que la publicité crée sont les rêves d'une vie quotidienne meilleure, avec une vraie modestie dans ces petits rêves qui ne peuvent que rendre la vie plus agréable, plus vivable.

Rigueur

La rigueur est cette vertu qui permet à un pressentiment de devenir sentiment, à un sentiment de devenir projet, et à un projet de devenir réalité. Elle est cette faculté par laquelle on passe de l'idée* à l'action.

Sans rigueur en effet les plus belles idées restent à l'état d'idées. C'est facile de rêver un succès. C'est autrement plus ardu, plus exigeant, et du reste plus intéressant, de le construire. Il est tant de créateurs dont on peut dire ce que Péguy disait du kantisme : ils ont « les mains propres », mais c'est normal, ils n'ont « pas de mains ». C'est souvent qu'ils ont le génie de la création*, qui est une forme de folie, mais qu'ils n'ont pas le talent de la rigueur, qui est une forme de sagesse.

La rigueur est une autodiscipline, une exigence appliquée à soi-même, une dureté vis-à-vis de soi. Toute communication digne de ce nom repose sur des victoires que l'on remporte sur sa propre paresse, sur sa propre négligence, sur sa propre désinvolture. Ces victoires s'appellent rigueur. Elles coûtent quelques efforts et quelques déceptions à ceux qui croient que communiquer, c'est laisser libre cours au hasard de ses inventions et à la fortune de ses inspirations*.

La rigueur est chose âpre et exigeante. Il faut pousser la rigueur jusqu'à la vertu, et la vertu jusqu'à la rudesse. La volonté peut abattre des murs, à condition qu'on sache ce que l'on veut, où l'on va, et que l'on ne s'accorde à soi-même que des tolérances étudiées.

La rigueur est aussi cette très haute exigence morale et intellectuelle à laquelle on doit obéir quand on a le sentiment que la réussite (voir ce mot) autorise des écarts ou des largesses.

La rigueur est cette attention* aux détails sans laquelle les grands projets ne se réalisent pas. « Qui ne réussit pas dans les petites choses est incapable de réussir dans les grandes. » Ce mot de La Rochefoucauld définit assez bien, finalement, la rigueur.

RUMEUR

Le plus vieux média en ligne[1]

Information par nature non vérifiée et donc de source non officielle, elle peut être redoutable : d'abord, par sa négativité, car elle rapporte le plus

1. Jean-Noël Kapférer, *Rumeur, le plus vieux média en ligne*, Paris, Le Seuil, 1987.

souvent des événements inquiétants ou dramatiques concernant des personnalités ou des produits connus et identifiés. Ensuite par son instabilité car en se diffusant, son contenu se modifie, par réduction, rajouts, omissions ou généralisations des faits rapportés. Enfin, par sa vitesse : la rumeur gronde, enfle et se propage à une vitesse vertigineuse.

La rumeur est une chose terrible car il en reste toujours quelque chose : le vieux dicton populaire « il n'y a pas de fumée sans feu » s'impose ici. Pour les entreprises, les hommes tout comme les institutions, il ne faut pas permettre que la rumeur s'enfle, car ensuite la trier devient très difficile. Il est très compliqué de lutter contre la rumeur car on ne sait d'où elle émane, ni comment elle se développe. Et c'est sans doute la chose qui requiert le plus l'art des communicants.

SENS

Qu'est l'industrie de la communication sinon une immense fabrique de sens ? Faire voir, faire savoir, montrer et démontrer une performance, raconter une histoire, « mettre en sens » et mettre en scène, donner vie et envie, c'est ce que nous faisons chaque jour pour les institutions, les entreprises et les marques* qui nous font confiance.

À la fois direction et contenu, matière et manière, finesse et sensibilité, le sens est aussi, pour nous, aptitude à anticiper, à percevoir ou deviner ce que d'autres ne sentent pas, ne voient pas, parfois même ne conçoivent pas.

Le sens enfin, en tout cas tel que je l'entends, est aussi quelque chose de cartésien : la faculté d'apprécier une situation donnée, de l'évaluer avec raison, de la juger avec discernement. Avec bon sens, tout simplement.

Sexy

La communication est un art de l'allusion. Il est des choses que tout le monde comprend même si on ne les dit pas, et que tout le monde voit même si on ne les montre pas.

La communication part d'une idée* simple : certaines préoccupations sont communes à tout le monde. Il faut savoir les stimuler avec habileté.

Pour être sexy, la publicité doit donc être tout sauf triviale. « Ce qu'il y a de plus subtil dans l'homme, c'est la sexualité », écrivait Aragon. Une campagne sexy suggère, laisse deviner, dissimule autant qu'elle affiche.

La communication éveille le désir*, mais elle doit seulement l'éveiller, et rester une science de la mesure : passé la sensation de feu glacé sur la peau, passé le premier sentiment de charme et la première volonté de possession, il n'y a plus rien – rien en tout cas dont la publicité puisse faire état. L'utilisation d'images* « sexy » ne doit pas être une offense pour l'esprit ni choquer la vue. L'élégance* doit dominer.

Une communication sexy inspire nécessairement un sentiment de frustration et de manque. C'est ce manque qui sera comblé par la consommation.

La communication ne peut pas oublier qu'elle est surtout une forme du désir.

Signe

Pour la sémiologie – dont il faut rappeler ici que Publicis l'a, dès les années 1960, introduite au sein des études publicitaires, avec Georges Péninou –, un signe est quelque chose d'observable qui manifeste l'existence de quelque chose d'autre qui n'est pas visible. N'est-ce pas pour l'essentiel ce que nous faisons chaque jour dans nos métiers : « traduire » symboliquement, à travers des signes observables (verbaux, graphiques, visuels, sonores), une essence de marque* et une « réalité produit » le plus souvent invisibles, voire immatérielles s'agissant de l'univers des services ? « Traduire » sans trahir, bien sûr, mais surtout rendre désirable. Le travail du signe est notre horizon, notre vocation*, notre raison d'être et notre fierté.

Statut social

La communication évolue avec la société. Nous sommes passés, je crois, par trois grandes étapes :

- Dans la société pyramidale et hiérarchisée des années 1960, la communication consistait à proposer à chaque catégorie sociale un modèle statutaire correspondant à la catégorie immédiatement supérieure. Elle fonctionnait comme l'ascenseur social : « Dis-moi à quoi tu rêves*, je te dirai qui tu es. »
- Dans les années 1980, quand la société s'est fragmentée, la communication a proposé des modèles de styles de vie. « Dis-moi comment tu consommes, je te dirais à quel groupe tu appartiens. »
- Aujourd'hui où la société a perdu ses références aux autorités, où elle édicte moins de repères, où elle laisse l'individu en quête d'identité* et de sens*, la communication se présente sous la forme d'un chemin initiatique.

Les marques* ont leur rôle à jouer et deviennent structurantes des mentalités en se présentant comme des mondes à explorer, des sensations à découvrir, des liens à tisser.

Depuis quinze ans, c'est moins le statut social qui est mis en avant que l'appel à la découverte et l'expérience* de soi.

STRATÉGIE

On invoque souvent ce mot noble mais que veut-il dire exactement ? Je crois qu'il désigne pour nos métiers plusieurs niveaux : il porte d'abord sur la stratégie de l'entreprise, puis la stratégie de la marque*, qui se décline en stratégie marketing* et en stratégie de communication. Enfin, la stratégie des moyens accompagne cette dernière. La stratégie c'est aussi emboîter tous ces niveaux de façon cohérente.

Le vocabulaire stratégique emprunte à l'art « militaire »

> « La stratégie est l'art d'employer les Forces militaires pour atteindre les résultats fixés par la politique. »
>
> Karl Von Clausewitz

Il conduit à une définition « technique »

> « La stratégie est l'ensemble des actions coordonnées en vue d'une victoire. »
>
> *Le Petit Larousse*

Puis à une définition « commerciale »

> La stratégie est le choix des allocations de ressources engagées pour obtenir une meilleure position concurrentielle.

Je retiendrai que la stratégie est la sélection d'une voie parmi d'autres à laquelle on affecte les moyens nécessaires à l'objectif fixé et le sacrifice de toutes les autres voies.

Elle suppose de tenir compte de plusieurs paramètres : les volontés d'avenir, les acquis sur lesquels compter, le territoire de légitimité actuelle, l'outil de production, les dispositifs des concurrents, les accès à la distribution..., des moyens disponibles, l'image* et la confiance des clients. Ainsi :

Il n'y a pas de stratégie sans vision définie

> « L'expérience*, c'est comme une lanterne qu'on porte dans son dos. Elle éclaire uniquement le chemin parcouru. »
>
> Confucius

Il n'y a pas de stratégie sans clarté sur l'objectif

> « Je suis votre roi. Vous êtes Français. L'ennemi est là-bas. Chargez. »
>
> Henry IV, Bataille d'Ivry, 1590

*Il n'y a pas de stratégie sans courage**

> « Il s'agit à tout moment de sacrifier ce que nous sommes à ce que nous pouvons devenir. »
>
> C du Ros

Il n'y a pas de stratégie sans exigence

« Sois ce que tu veux paraître. »

Socrate

Il n'y a pas de stratégie sans choix du moment

« Même une décision juste est mauvaise si elle a été prise trop tard. »

Lee Iacocca

Il n'y a pas de stratégie sans unité

« Tout ce qui monte converge. »

Teilhard de Chardin

Il n'y a pas de stratégie sans action

« Celui qui reste sur la berge est toujours bon nageur. »

Proverbe arabe

« Savoir et ne pas faire, ce n'est pas encore connaître. »

Bouddha

Il n'y a pas de stratégie sans mise en œuvre

« Dans les batailles, les amateurs parlent de stratégie et les vrais professionnels parlent de logistique. »

« Dans la stratégie, tout est dans l'application. »

Napoléon

Il n'y a pas de stratégie sans réappropriation

> « Quand l'œuvre des meilleurs chefs est achevée, le peuple dit : "C'est nous qui avons fait ça !" »
>
> Lao-Tseu

Il n'y a pas de stratégie sans durée

> « Après la victoire, la poursuite est l'acte le plus important de la guerre. »
>
> Karl Von Clausewitz

Il n'y a pas de stratégie sans communication

> « La politique [mettons ici la communication] est une prédiction qui vise à faire advenir ce qu'elle énonce. »
>
> Pierre Bourdieu

TABOU

Une société ne vit pas sans tabou. Mais elle peut mourir de ses tabous. Comment trouver l'équilibre ?

Il y a des choses qu'on ne dit pas. Il y en a aussi qu'on ne montre pas. C'est ainsi : il faut savoir retrouver le sens* de l'interdit. « Ils n'ont aucune pudeur*, ils ne savent pas ce qu'est la honte, ils ne savent pas rougir », dit le prophète Jérémie. Sachons rougir : la sagesse, la dignité, et du reste l'efficacité*, commencent par là.

Est tabou ce qui offense l'intégrité de qui que ce soit. La communication étant d'abord, on l'a vu, une exigence de respect et de responsabilité, elle ne doit jamais heurter la sensibilité, l'honneur ni la mémoire* de personne. La dérision y est souveraine, l'humiliation est un tabou.

Il reste que la publicité ne triomphe que sur la mort d'un certain type de tabous : ceux qui relèvent de l'idéologie ou de la politique. Le temps est révolu, où l'ironie, l'insolence, l'irrévérence étaient des fautes. Le respect* n'est jamais la soumission, et la communication ne vit que par la fierté, la capacité de se tenir debout et de ne s'incliner devant aucun prestige qui ne lui paraisse justifié.

Les vrais tabous ne sont donc pas des superstitions dictées par la bienséance ou par la bien-pensance. On n'a que les tabous que l'on s'impose.

Talents

Le talent est aussi le nom d'une monnaie : ce qui permet l'échange donc et incarne de la valeur.

Communiquer, c'est échanger, faire le lien. Les talents y ont donc une valeur particulière, y sont une richesse indispensable.

Avoir du talent, ce n'est pas seulement avoir des capacités intellectuelles, créatives, c'est surtout savoir les exprimer, les partager. Il n'est pas de talent sans souci et intelligence des autres.

Un talent n'est pas forcément inné, il s'acquiert, se travaille et, toujours, se cultive. Si un don peut demeurer inexploité, un talent n'existe que s'il s'exprime. Le talent est plus exigeant puisqu'il faut apprendre à l'utiliser, à l'exercer, le perfectionner.

Si le talent est à la fois valeur d'échange et expression, on comprend qu'il soit nécessaire à la communication. Et le talent de communiquer nécessite en réalité une multitude de talents : talents intellectuels, créatifs, littéraires, artistiques... Mais aussi, et surtout, talents humains.

TENDANCES

La tendance est tendance. Il n'y a pas une semaine sans qu'un quotidien ou un hebdomadaire ne sélectionne ce qui est *in* ou *out, trendy* ou pas. Les anglicismes fleurissent à ce propos.

La tendance est un mot-valise qui dans notre métier, « tend » des pièges.

On y parle de « cahier de tendances », de « cabinet de tendances », de « tendances démographiques ou sociologiques », de « tendances de consommation » ou de « communication ».

J'ai envie d'être iconoclaste : non, les marques* n'ont rien à faire de la tendance. Bien sûr, j'exagère.

Mais les grandes marques durent parce qu'elles ne s'inscrivent pas dans une tendance, même si elles les accaparent toutes.

- Question de tempo : la tendance pertinente pour le marketing* et la communication est la tendance lourde, celle qui s'étend sur cinq-sept ans, assez pour qu'une marque puisse s'y ancrer, s'y développer, s'y spécifier.
  La tendance des cabinets de style n'est pas notre tempo puisqu'elle obéit au rythme de la mode.
- Question de spécificité : si toutes les marques* obéissaient à la même tendance, il n'y aurait plus de choix, plus d'univers de marques, plus de possibilité pour le client de s'approprier celle qui lui correspond le mieux.
  Les marques qui réussissent sont celles qui ont, certes, analysé les tendances, et surtout les tendances lourdes, mais qui ont choisi de les réinterpréter au vu de l'identité* de la marque, pour toucher une clientèle spécifique.
- Question de compatibilité : hier dans une société plus homogène, aux repères relativement stables, on distinguait aisément la tendance du marché, de la saison, ou des leaders d'opinion*.
  Mais dans notre société postmoderne, le déclin des avant-gardes qui dictaient ces tendances a conduit à la coexistence parfois paradoxale de diverses tendances. Ainsi les magazines montrent-ils davantage une mode plurielle, se conjuguant sur plusieurs

thèmes à la fois, baroque, minimaliste, noir/blanc, exotique et romantique.
Dans cette compatibilité, la tendance a cédé le pas aux thématiques et le singulier au pluriel.

TRANSPARENCE

Que ce soit chez le consommateur*, dans la société ou la communication, la transparence est à l'ordre du jour. En politique, les années 1980 appelaient à la *glasnost,* aujourd'hui, au « parler vrai ».

Elle apparaît comme le moyen de combattre les affaires, les scandales, les corruptions... c'est dans l'entreprise qu'elle s'est imposée avec la *corporate governance,* la clarté des comptes et le dévoilement des rémunérations des dirigeants.

C'est un beau mot transparence, dont l'écho semble d'emblée positif.

Il évoque la clarté de la relation* et l'honnêteté*. Il suscite tant d'unanimité qu'on se demande s'il est possible de s'interroger sur la transparence sans être aussitôt suspect : comment être contre la transparence ?

La transparence appartient à la famille de la lumière et est indissociable de la quête de vérité, elle rend clair, sans scories, sans parasite... Elle est assimilée à la recherche* du divin dans toutes les symboliques ascendantes.

Pourtant, la transparence peut être réinterrogée.

Toutes les civilisations ont pris la précaution de ne pas dire tout haut ce que l'on pense tout bas. Toutes les civilisations ont pris soin d'instaurer le secret professionnel, celui du médecin, du juge ou du prêtre. Car il s'agit de veiller aux conditions de prise de parole*, au moment adéquat, à la légitimité de l'émetteur, aux sensibilités des destinataires, à la nature du message.

Tout dire, et tout dire tout haut, est-il une avancée de la civilisation ou un signe* de régression et de barbarie ?

Dès l'enfance, on recommande à un enfant de ne pas clamer : « Oh regarde, le monsieur, il n'est pas beau, il sent mauvais... »

Tout dire est-il pertinent ?

Une stratégie* peut-elle être transparente ? Comment un chef d'entreprise irait-il dire tout haut ses intentions et sa stratégie à ses concurrents ? Comment un chef de guerre irait-il dévoiler à l'ennemi sa stratégie d'attaque ?

Les médias* doivent-ils tout dire sur chacun ? Pénétrer la vie privée sans autre procès, sans s'interroger sur les conséquences de telles actions ?

Dérive de la transparence quand elle peut mettre en péril l'efficacité* même d'une politique qui a besoin de temps, de calme, d'anonymat et de discrétion* pour réussir ?

La transparence est aussi une forme de mythologie : il en faut dans certains domaines, mais la mise à jour systématique n'est pas un gage de valeur, de sincérité, d'efficacité. La transparence des reality show qui donne tout à voir est-elle plus pertinente, intéressante, instructive, éthique* qu'une suggestion, qu'une mise en scène symbolique d'un sujet, qu'un non-dit, qu'une litote ?

S'il faut préserver une distinction entre le public du privé, le dit et le non-dit, c'est pour préserver à l'individu une part d'intériorité, un sanctuaire qui ne doit pas être dévoilé.

Car, *in fine,* être transparent, ne veut-il pas dire être vide, creux, sans épaisseur, sans intériorité, sans densité ?

Transpiration

Quatre-vingt-quinze pour cent de notre métier.

Voir *inspiration.*

Valeurs

Le terme de valeur possède ce charme paradoxal de renvoyer à la fois à un univers financier et à un univers moral.

Univers financier de la valeur d'une marque* ou d'une entreprise pour l'actionnaire.

Univers moral des valeurs qui nourrissent un parti pris, et qualifient la manière dont une entreprise exerce son métier.

L'objectif de la communication est de créer de la valeur ajoutée avec des êtres de valeur, et dans le respect* de certaines valeurs.

Satisfaire l'actionnaire en créant de la valeur, mais pas à n'importe quel prix. Répondre aux besoins des clients, mais pas de n'importe quelle manière.

Atteindre ses objectifs mais en respectant une éthique*. On a vu les conséquences du cynisme* de certaines entreprises ou de leurs chefs qui n'ont pas hésité à oublier leur code d'éthique pour maximiser le profit (le leur et celui de l'entreprise).

C'est pourquoi les entreprises qui ont toujours nourri des valeurs, même implicites dans leur culture*, ressentent dans la compétition mondiale le besoin de rappeler les principes au nom desquels elles travaillent, qui les distinguent de leurs concurrents et qui portent leur raison d'être.

Aussi voit-on désormais davantage d'entreprises afficher leurs valeurs au côté de leur *mission statement*. Valeurs qui, à mes yeux, ne sont pas seulement à afficher, mais à respecter dans les engagements de l'entreprise, tant en interne qu'en externe. Valeurs qui montrent que l'entreprise n'est pas seulement une entité froide et rationnelle de production, mais une communauté d'hommes réunie autour d'un projet et animée par des principes d'action, des attitudes* professionnelles spécifiques.

Les valeurs créent souvent plus de valeur, plus longtemps, plus sûrement, que le cynisme* froid des capitalistes sans foi.

VIOLENCE

La violence n'est pas la force. La force est une puissance constructrice ; la violence est une puissance destructrice. Un message fort n'est pas un message violent.

Il est bon de surprendre, de bousculer, de choquer même parfois : ce n'est pas violer. Bousculer permet d'attirer l'attention* sur quelque chose, provoque une remise en question, réveille. Ce peut être utile, fécond, constructif.

Faire violence ne débouche sur rien d'autre qu'une blessure. Si remettre en cause certains principes, certaines idées reçues peut vivifier la réflexion et faire naître une curiosité, une interrogation, blesser ne sert à rien.

Or, les images et les mots, parfois même plus que les actes, peuvent être préjudiciables. Une image* violente (qui n'est pas la même chose qu'une image choc) équivaut à un acte violent.

La violence, c'est en fait la rupture de la communication. Dès lors qu'il y a de la violence, tout échange, tout dialogue, tout message devient impossible.

Vocation

Marcel Bleustein-Blanchet, qui fut un visionnaire de la communication, fut aussi un protecteur de la vocation. La fondation qui porte son nom aide les vocations à se réaliser, de façon à combattre cette injustice et cette absurdité : une vocation empêchée, un fleuve arrêté à sa source.

Derrière le même nom, celui de Bleustein-Blanchet, se trouvent donc réunies la vocation et la communication. Ce n'est pas un hasard : elles ont partie liée. La communication fait appel à trop de qualités innées, elle exige une vigilance trop attentive, elle impose une rigueur* trop constante, pour souffrir d'être exercée par hasard ou par distraction.

La communication s'impose donc plus qu'elle ne se choisit. On ne discute pas avec un élan intérieur. On vient à elle parce que ses défis sont les nôtres, parce qu'on veut appartenir à son histoire, parce qu'on se sent grandi par ses grandeurs, souillé par ses souillures, blessé par ses blessures. On entre dans les métiers de la communication comme dans une histoire d'amour* : parce que c'était elle, parce que c'était moi, et tout le reste est littérature.

Zapping

Le mot est une jolie allitération. On entend « zip zap », le glissement, le slalom, l'infidélité latente.

Chacun zappe : l'un devant sa télé, « zapping machine » en mains, l'autre en classe si le prof n'a pas un programme assez attirant, le troisième devant un produit sur un linéaire. On zappe même de candidat politique...

Le zapping est devenu un mot-valise qui englobe toutes les formes d'infidélités.

Il est l'enfant de la profusion, l'héritier de l'hyperchoix.

Il se généralise à tous les domaines de la vie au fur et à mesure qu'augmentent les possibilités de choix, la société de consommation ayant érigé le plaisir* en valeur ultime et avec lui le goût de la diversité, de la curiosité, du changement.

Mais il nous renvoie aussi à l'exigence de nos métiers : lancer une nouveauté, mais assurer aux entreprises la fidélité nécessaire à leurs anciens produits selon un cycle de vie maîtrisé. Or, ces cycles de vie se sont raccourcis au point que le consommateur* a parfois à peine le temps de se familiariser avec la nouveauté qu'elle est déjà obsolète.

Plus fondamentalement, notre société doit répondre aux paradoxes* du temps : elle a donné naissance au zapping mais doit inventer les règles de fidélisation*, elle s'applique à des lancements à court terme et doit remplir les exigences du développement durable, elle vise à la satisfaction immédiate mais doit préparer les stratégies* du long terme.

Imprimé en France
par Vendôme Impressions
Groupe Landais
73, avenue Ronsard, 41100 Vendôme
Mars 2006 — N° 52 889